CRIANÇAS FELIZES

MAGDA GOMES DIAS

CRIANÇAS FELIZES

O guia para aperfeiçoar
a autoridade dos **pais** e a
autoestima dos **filhos**

Prefácio de Mário Cordeiro

Ilustrações de Rita Correia

Manole

Copyright © Magda Gomes Dias, 2015. Todos os direitos reservados.
Publicado mediante acordo com MD&GK, LDA, Portugal.

Esta publicação contempla as regras do Novo Acordo Ortográfico da Língua Portuguesa.

Editora-gestora: Sônia Midori Fujiyoshi
Produção editorial: Cláudia Lahr Tetzlaff

Adaptação do texto para o português do Brasil: Prof. Dr. Mauro Dunder
  Assessor Acadêmico do Centro de Ciências Humanas, Letras e Artes. Vice-Coordenador do curso de Letras-Língua Portuguesa da Universidade Federal do Rio Grande do Norte

Diagramação: Anna Yue
Capa: Rubens Lima
Imagem da capa: Istockphoto
Fotografia da autora: Sofia Costa Fotografia

CIP-BRASIL. CATALOGAÇÃO NA PUBLICAÇÃO
SINDICATO NACIONAL DOS EDITORES DE LIVROS, RJ

D533c

Dias, Magda Gomes
  Crianças felizes : o guia para aperfeiçoar a autoridade dos pais e a autoestima dos filhos / Magda Gomes Dias ; ilustração Rita Correia. – 1. ed. – Barueri [SP] : Manole, 2020
  224 p. ; 23 cm.

  ISBN 9788520462508

  1. Crianças - Formação. 2. Crianças - Desenvolvimento. 3. Autoestima em crianças. 4. Parentalidade. I. Correia, Rita. II. Título.

19-60038   CDD: 155.4
                            CDU: 159.922.7

Meri Gleice Rodrigues de Souza - Bibliotecária CRB-7/6439

Todos os direitos reservados.
Nenhuma parte desta publicação poderá ser reproduzida, por qualquer processo, sem a permissão expressa dos editores. É proibida a reprodução por fotocópia.
A Editora Manole é filiada à ABDR – Associação Brasileira de Direitos Reprográficos.

Os nomes e as características dos pais e crianças citados na obra foram modificados a fim de preservar sua identidade.

Edição brasileira – 2020

Direitos em língua portuguesa adquiridos pela:
Editora Manole Ltda.
Av. Ceci, 672 – Tamboré – 06460-120 – Barueri – SP – Brasil
Fone: (11) 4196-6000 | www.manole.com.br | https:// atendimento.manole.com.br

Impresso no Brasil | *Printed in Brazil*

SUMÁRIO

PREFÁCIO IX

COMO ESTE LIVRO ESTÁ ORGANIZADO? XV
    Capítulo 1 Tudo aquilo que você tem de saber antes de começar.... XV
    Capítulo 2 O que se passa na cabeça do seu filho? XV
    Capítulo 3 Criar filhos resilientes, positivos e felizes XVI
    Capítulo 4 Saber falar com o seu filho XVI
    Capítulo 5 Quem manda aqui sou eu! XVI

INTRODUÇÃO XIX

1 – EDUCAÇÃO E PARENTALIDADE POSITIVA.................... 1
    1.1 Afinal, o que é Parentalidade Positiva? 6
        E aí vem a pergunta: qual é o objetivo disto? 7
    1.2 Os diferentes tipos de educação.............................. 8
        A educação autoritária 9
        A educação permissiva 12
        A educação negligente 13
    1.3 Por que esses tipos de educação não funcionam? 14
    1.4 Praticar a Educação e a Parentalidade Positiva no dia a dia 15
        A diferença entre a Parentalidade Positiva e o *Attachment Parenting* 17
    1.5 Existe mimo a mais?... 17

Como colocar limites firmes e empáticos, sem humilhar ou recorrer a chantagem ou a ofertas? 18
1.6 Afinal, os limites e as regras são sinônimos de felicidade? 19
1.7 Regra nº 1: pais felizes = filhos felizes 19
1.8 O segredo das famílias felizes 22
    1.8.1 Os pais também precisam de apoio 24

2 – O QUE SE PASSA NA CABEÇA DO SEU FILHO? 27
2.1 E de repente o seu anjinho vira diabinho 31
Comportamentos próprios da idade 32
    12-18 meses 32
    18-24 meses 32
    24-36 meses 32
    3-4 anos 33
    4-6 anos 33
2.2 O cérebro e a personalidade do seu filho 35
    E por que é importante sabermos como funcionam os hemisférios cerebrais dos nossos filhos? 37
2.3 As birras do andar de baixo 40
    Então, o que fazer? 41
    Como saber que é uma birra do "andar de baixo"? 45
2.4 Conecte os dois pisos do cérebro do seu filho! 46
2.5 Cinco passos para ajudar o seu filho a aumentar a Inteligência Emocional e a administrar as suas emoções 48
2.6 As birras do andar de cima 49

3 – CRIAR FILHOS RESILIENTES, POSITIVOS, FELIZES E COM UMA BOA AUTOESTIMA 53
3.1 A Inteligência Emocional 57
    Por que é importante conhecer o nome das emoções? 59
    Os cinco pontos fundamentais da Inteligência Emocional 59
3.2 Dar nome ao que sentimos 63
3.3 Explicar as emoções às crianças 66
    3.3.1 O medo 66
    3.3.2 A alegria 66
    3.3.3 A raiva 67

SUMÁRIO

3.3.4 A tristeza... 67
3.3.5 O afeto 67
3.4 Autoestima e resiliência 71
    3.4.1 Como promover a autoestima no seu filho................... 73
        1 – Respeite a natureza do seu filho 81
        2 – Crie memórias positivas e fale delas com frequência 81
        3 – Tenha contato 82
        4 – Ensine-o a não se levar tão a sério 82
        5 – Seja grato... 82
        6 – Ensine-o a fazer coisas sozinho 82
        7 – Desenvolva o respeito mútuo................................ 82
        8 – Famílias felizes vão para a cama depois de fazerem as pazes 83
        9 – Seja feliz primeiro.. 84
3.5 Os elogios são uma excelente estratégia
para criar uma criança insegura..................................... 85
    3.5.1 O elogio e as expectativas que criamos em relação
        aos nossos filhos 86
    3.5.2 As frases que marcam a diferença........................... 89
    3.5.3 A importância das expectativas que criamos em relação
        aos nossos filhos 92
3.6 A moda das tabelinhas e dos *smiles* 96
3.7 Como criar uma criança resiliente, usando técnicas de *coaching*? 100
3.8 Um olhar especial 103
    3.8.1 A concentração das crianças 103
    3.8.2 *Bullying*... 108

4 – SABER FALAR COM O SEU FILHO............................. 115
4.1 A importância da comunicação e os mitos da moda do falar
positivo... 119
    4.1.1 Os mitos da moda do falar positivo.......................... 120
    4.1.2 Afinal, como eu falo positivo?............................... 123
    4.1.3 Criar oportunidades para o "sim"............................ 124
    4.1.4 Seja específico e proativo................................... 125
    4.1.5 Mude a sua linguagem 128
4.2 Escuta ativa 137
4.3 Falar a verdade 139

4.4 A linguagem não violenta 141
    4.4.1 Como usar a linguagem não violenta no dia a dia com os nossos filhos? 142
4.5 Para ir ainda mais longe. 144

5 – QUEM MANDA AQUI SOU EU! 147
5.1 Para educar uma criança é necessário fazer um curso? 151
5.2 A verdadeira missão dos pais 152
5.3 Por que os filhos não obedecem, naturalmente, aos pais? 153
    5.3.1 A questão da evolução cerebral 155
    5.3.2 Uma questão de agendas. 157
5.4 Cooperação e autoridade. 161
    5.4.1 Como aumentar o vínculo parental no dia a dia 165
5.5 Preparar a adolescência 169
    5.5.1 O dia do filho único. 171
5.6 Como ser a autoridade de que o seu filho precisa? 173
5.7 A técnica do reconhecimento, da descrição ou espelho 181
    E se ele ficar bravo e começar com as birras de costume? O que eu faço?. 182
5.8 Castigos e palmadas. 183
5.9 O poder das consequências 185
    O que as consequências lógicas ensinam, então? 186
    5.9.1 As cinco regras de ouro das consequências 190
5.10 O *timeout* (ou o "vai ali pensar na sua vida"). 193
    5.10.1 Ainda a questão das tabelinhas e da autoridade. 197
5.11 A importância da reparação, da fé e do perdoar 198
5.12 Um último olhar sobre a questão da obediência (que significa cooperar. Ponto final) 200

CONCLUSÃO. 203

PREFÁCIO

Se "*Mum's the boss*", convém que o *Dad* assuma esse cargo também, mas que, principalmente, o *baby* ou *child* não tenham pretensões de serem *bosses* de coisa nenhuma, a não ser dos seus pertences pessoais! Ah, e também possuidores e mandantes, isso sim, de uma boa autoestima, empatia, responsabilidade, autonomia, afetos, humildade, humor, talentos, competências, solidariedade, frugalidade e tanta coisa mais. "*Child is not the boss and should not be*", mas isso não impedirá que o seu processo de autonomia se faça, desde o primeiro grito na sala de partos, como um processo de afirmação, de vontade (por vezes insistente) e de amor!

Ser mãe ou pai não é fácil, quando é requerida, em todos os níveis, a perfeição. Perfeitos enquanto progenitores, enquanto cônjuges, familiares, trabalhadores, cidadãos, amigos, pagadores de impostos... Ufa! Tanta coisa. Tantas exigências. A soma das partes dá um todo que não conseguimos controlar, especialmente quando sabemos que o ser humano é, por definição, imperfeito, dado que um dos maiores gozos de pertencer a esta espécie é, justamente, o processo de aperfeiçoamento, e quando o que nos colocam à frente como parâmetro é "dirigir" os filhos num percurso de vida exemplar. Nós, que somos incoerentes e inconsistentes – em grau moderado, pelo menos a maioria, mas somos –, ficamos arrasados por pensarmos que não temos margem de erro.

Não é apenas o *Big Brother* que nos espia, mas o nosso próprio superego que se revela como o fiscal mais intransigente e implacável dos nossos comportamentos.

Nada de mais errado, na minha opinião. Salvo raras exceções – mas todavia existentes –, somos os melhores pais que os nossos filhos poderiam ter. Eles são o nosso prolongamento, o nosso legado, o revisitar da nossa própria infância, mas nós somos ou devemos ser, para eles, exemplos, modelos, refúgios, estímulos para crescer, segurança, amor.

Tantas vezes nos sentimos oprimidos por vermos ou ouvirmos relatos de outros pais: "O meu nunca faz birra!", "A Maria dorme a noite toda desde os 3 meses", "O Lucas come tudo e nunca recusou qualquer comida!"... Cada criança é diferente das outras, porque cada criança é única, irrepetível e insubstituível, e já nem falo das fantasias que nos contam, quase como se o Francisco recitasse *Os Lusíadas* aos 9 meses e a Laura montasse um quebra-cabeça com 6.

Haverá pais que se vitimizam, repetindo até enjoar os seus "dramas", como noites mal dormidas, mamadeiras e fraldas, birras e defeitos que quase nos levam a perguntar por que querem continuar sendo pais desses "empecilhos" e se os filhos não têm mais nada para falar acerca deles. Todavia, quer na versão "o meu filho é melhor do que o seu", quer na de "a minha vida parou desde que ele nasceu", essas conversas – "n" vezes mais tremendas e horrendas (até do ponto de vista estético!) quando veiculadas em redes sociais, blogues de mães (há exceções! – e uma delas é o da autora deste livro), *e-mails* que se enviam para todos os endereços da lista e fóruns de pais aflitos, sempre com um ou outro comentador que sabe tudo e fala com superioridade –, abalam a parentalidade, porque nos sentimos observados, rebaixados, achamos que não fazemos nada do que os "outros" fazem e que somos ET cuidando de outros ET, cujo destino será serem monstros, antissociais ou mal-amados.

É aí que a Magda aparece. Tem um blogue. Debate. Não hesita em dizer o que pensa. Mas não intervém de modo arrogante ou sábio, na versão pejorativa da palavra, mas com humor, desfazendo mitos, relativizando o drama, organizando o caos, e mostrando que o ensino/aprendizagem de pais e de filhos, como o amor que os une, é bidirecional, voluntário, mas não incondicional.

Na hora certa surge este livro, no qual uma mãe (poderia ser um pai porque, repito, os *dads* também são *bosses*...) complementa o que a ciência sabe, o que alguns médicos e psicólogos defendem, explicando alguns fenômenos e epifenômenos da parentalidade, e mostrando que, birra a mais, birra a menos, andamos todos no mesmo barco e aturamos os mesmos momentos ruins e aproveitamos os mesmos momentos bons.

PREFÁCIO

É um livro divertido, fluido, coloquial, bem estruturado. Ajuda-nos a pensar que podemos ser pais muito bons sem ter de abdicar das outras facetas da nossa vida. Mostra-nos que o quebra-cabeça que somos consegue arranjar ainda mais espaço para uma peça tão grande que um filho representa, sem que as outras peças sejam esmagadas. Demonstra-nos que é possível essa tarefa, quando se tem a arte, o bom senso e o amor... E quando se desprezam coisas, pessoas e situações que não interessam a ninguém e com as quais, tão frequentemente, perdemos tempo, energia e neurônios.

Estou certo de que não precisarão chegar à última página do livro para se sentirem recompensados de o terem. Pelo contrário. Cada palavra, cada linha, cada página será, como na educação de um filho, uma aventura, um momento para saborear e fruir com gosto e prazer. Se conseguirmos, entre cada capítulo ou intertítulo, "parar para pensar", este livro terá cumprido a sua função: melhorar-nos, tranquilizar-nos e dar-nos o enorme prazer de o ler. Que mais se pode pedir a um autor ou a uma autora. *Thank's Mum*!

Mário Cordeiro

A quem me fez mãe: ao Guillaume, à Carmen e ao Gaspar

"Não importa o que fizeram de mim, o que importa é
o que eu faço com o que fizeram de mim."

Jean-Paul Sartre

COMO ESTE LIVRO ESTÁ ORGANIZADO?

Este livro está dividido em 5 capítulos:

Capítulo 1. Tudo aquilo que você tem de saber antes de começar

(Se você está mesmo atrapalhado, pule já para o capítulo que lhe interessa e depois volte aqui, quando as coisas acalmarem).

Se decidiu ficar, vai conhecer a diferença entre o que é a educação autoritária, a permissiva, a negligente e o que distingue o *Attachment Parenting* do que se fala neste livro. A Parentalidade Positiva é uma filosofia de vida que lhe dá respostas e resultados muito interessantes.

Quando entendemos as diferenças, entendemos muito melhor o conceito que está na base da Parentalidade Positiva.

Ao mesmo tempo, vamos falar sobre felicidade – a nossa e a dos nossos filhos – e sobre como podemos ensinar, diariamente, esta competência lá em casa.

Capítulo 2. O que se passa na cabeça do seu filho?

Tenho certeza de que já se perguntou isso um sem-número de vezes. O desafio, aqui, é vestir a pele de um neurologista (ou, se quiser, do Indiana Jones), e partir para a descoberta dos motivos que provocam aqueles ataques histéricos (vulgo "birras") do seu filho. Depois de descobrir o porquê, venha entender o que precisa fazer para ajudá-lo a gerenciar as suas birras (as dele, não as suas). Este capítulo dedica-se à Inteligência Emocional – competência que podemos ajudar a desenvolver nos nossos filhos... e, se fizermos um pouco por nós, melhor ainda.

Capítulo 3. Criar filhos resilientes, positivos e felizes

Sabe-se que herdamos 50% das características dos nossos pais/avós e demais familiares. Ninguém tem, por enquanto, a possibilidade de escolher – é uma espécie de "Kinder ovo" aquilo que o DNA nos reserva. Ainda assim, temos 40% de atividade intencional, e isso quer dizer que é possível ensinarmos os nossos filhos a serem mais resilientes, a terem maior estima e, consequentemente, a serem mais positivos e felizes. Os 10% restantes chamam-se *sorte*.

Capítulo 4. Saber falar com o seu filho

Sempre ouvi dizer que não é aquilo que eu digo que conta, mas sim a forma como digo. Da minha experiência, digo que contam as duas coisas: o que eu digo e como digo. Aprenda a ter um discurso mais positivo – com o seu filho e com os outros.

Com este capítulo, você vai conhecer um maravilhoso mundo novo e o poder da comunicação.

Capítulo 5. Quem manda aqui sou eu!

Eles até podem ser os príncipes e as princesas lá de casa, mas o rei e a rainha somos nós – não tenha dúvidas disso!

Neste capítulo vamos olhar para a questão da *autoridade e da obediência* e compreender como conseguimos equilibrar tudo isso com *mimo, empatia, amizade e carinho*. Mas, se esta é a parte que lhe interessa, sugiro que faça como no jogo do Ludo e ande uma casa (ou capítulo) para trás para melhor entender e relacionar conceitos. Quem avisa amigo é!

Ao longo deste livro, você vai encontrar muitos exemplos e situações semelhantes às que tem vivido ou que poderá viver. O meu objetivo é conferir um sentido muito prático ao que está escrito. Para quê? Para que o leitor possa, na mesma hora, usar as sugestões e as dicas que vai conhecer.

A teoria é bonita, mas torna-se muito mais interessante quando é aplicada, na prática!

INTRODUÇÃO

Se você comprou (ou lhe ofereceram) este livro, é porque provavelmente é pai ou mãe, ou prepara-se para ser. E se decidiu lê-lo, é porque o tema lhe interessa e quer saber mais sobre como é que se educa de forma positiva e para a felicidade.

Junte-se a mim e venha descobrir os *porquês* e os *comos* de uma série de questões que nos surgem quando nos tornamos pais.

Mas antes de continuarmos, quero dizer-lhe obrigada. E por quê? Porque acredito que, tal como disse Abraham Lincoln, *a mão que embala o berço é a mão que embala o mundo*. Somos nós, enquanto educadores, que vamos moldar a geração que será o futuro deste mundo. Tudo aquilo que fazemos, desde a forma como comunicamos até a forma como amamos os nossos parceiros, ou a relação que temos com o que nos envolve, influencia (ou modela) o comportamento dos nossos filhos. Por isso agradeço-lhe por ler este livro.

Os meus grandes objetivos, ao escrevê-lo, são:

- Por um lado, inspirá-lo para o seu papel de educador: a ideia é fazê-lo olhar para as situações que vive com o seu filho por meio de uma nova perspectiva, e questioná-lo e orientá-lo ao longo da sua leitura. Tudo isso apoiado em estudos sérios (e aqui "explicando") de pessoa que sabe e se dedica à Psicologia Positiva, à Comunicação e à Ciência da Felicidade (sim, é verdade, existe uma coisa chamada Ciência da Felicidade).
- Por outro, e o grande motivo, tem a ver com o meu desejo em deixar este mundo um lugar melhor. Acredito que pessoas felizes são pessoas desen-

cucadas, que fazem mais bem que mal. Pessoas felizes respeitam-se e respeitam os outros. E gostam de si. Então, como eu sei que a felicidade é uma competência que se treina e se afina através de uma série de comportamentos escolhidos conscientemente, este livro reúne tudo aquilo que se precisa saber para educar nesse sentido. Interessante, não é?

Ao longo deste livro, e para apoiar cada um dos diferentes temas, você vai encontrar casos que podem ser semelhantes aos seus, para que tenha uma visão panorâmica das situações e, em seguida, os possa adaptar à sua própria experiência.

> **"O HÁBITO FAZ O MONGE"**
> **[PROVÉRBIO POPULAR]**
>
> Uma série de estudos provam que precisamos de cerca de 21 dias para mudarmos ou adquirirmos um novo comportamento.
>
> Quando decido praticar, a médio prazo, de forma consciente e consistente, uma série de comportamentos que me trazem mais felicidade, então, esses comportamentos passam a ser quem eu sou.
>
> Anote neste quadro a data do início da leitura deste livro e a data em que terminou de o ler. A partir daqui, conte os 21 dias em que aplicou as técnicas aqui apresentadas e anote os resultados.
>
> Acontecimentos que são extraordinários são dignos de registro.
>
> Data do início da leitura: _____/_____/_____
> Data da conclusão: _____/_____/_____

Desejo que esta seja uma leitura leve, estimulante e, ao mesmo tempo, desafiadora.

Vamos lá!

1
EDUCAÇÃO E PARENTALIDADE POSITIVA

Os seus pais até o educaram à maneira antiga, com muita palmada, castigos, pouco mimo e nenhum desenvolvimento emocional durante o processo... e o que é certo é que você sobreviveu.

Mas hoje, com filhos, é muito possível que tenha uma visão diferente da vida e não queira educar com base no "porque sim! ", ou usar o castigo e a palmada. Mas como fazer tudo isso sem que os filhos queiram dominar tudo?

Será que esta coisa da Educação Positiva é uma moda?

Para descobrir a resposta a essa e a outras questões, vire a página.

O QUE VOCÊ VAI APRENDER NESTE CAPÍTULO

- Vai conhecer os diferentes tipos de educação e o que acontece quando escolhe cada um deles.
- Vai saber como levar a Educação e a Parentalidade Positiva para o seu dia a dia e, com base nestas estratégias, conseguir resultados imediatos.
- Vai confirmar que os pais não nascem ensinados.

Todos já dissemos ou ouvimos dizer que ser pai ou mãe é talvez a tarefa mais dura, mais difícil e, ao mesmo tempo, a mais compensadora de todas. Mas as pressões do dia a dia, as correrias, as atividades ou até as chatices no trabalho tornam as nossas vidas agitadas demais. Não querendo cair no discurso do "antigamente é que era bom", a verdade é que os nossos pais tinham uma quantidade de estresse muito mais reduzida do que nós e parecia que tinham mais tempo. E toda esta tensão torna o nosso papel como pais muito mais difícil, porque é preciso ter tempo, paciência e calma para se exercer bem a tarefa. Quantas e quantas vezes não deixamos os nossos filhos na escola e fomos para o trabalho pensando: "Por que temos sempre de nos aborrecer logo de manhã uns com os outros? Por que é que as coisas não correm bem?" E percebemos logo ali que não é isso que queremos. Prometemos que, quando formos buscá-los, as coisas serão diferentes. Planejamos atividades para fazermos no final do dia, idealizamos os momentos que queremos viver, para depois esbarrarmos no cansaço deles (e no nosso), e tudo fica na mesma. Aborrece-nos, gritamos, nos afastamos e sentimos o nosso coração ficar pequeno, porque sabemos que não é nada daquilo que desejamos... mas não conhecemos outra maneira.

As boas notícias é que há formas simples de lidar com essas e outras situações e, o melhor de tudo, é que essas competências podem ser aprendidas. No entanto, e ao contrário de outros livros, aquilo que não vai aprender neste é o segredo para mudar a personalidade do seu filho. O que vai compreender é que o crescimento e o desabrochar de uma criança acontecem justamente quando a aceitamos e lidamos com a natureza com que ela nasceu. Amar uma criança passa por isto: aceitar a sua natureza e guiá-la no seu crescimento. E esse é o primeiro passo para uma parentalidade mais simples e mágica, que não tem de ser punitiva, passar por castigos nem ser baseada no *laissez-faire*, no *deixa pra lá*, ou seja, não é permissiva.

Na verdade, este é o grande desejo de todos os educadores: educar sem ter de castigar e sem ter de permitir tudo. E o meu trabalho será ajudar os pais a terem um lar mais doce, educando os seus filhos para serem crianças mais felizes, com uma maior autoestima: porque pessoas mais felizes são pessoas que fazem as melhores escolhas na vida.

1.1 Afinal o que é Parentalidade Positiva?

Como em tudo na vida, vamos começar pelo princípio. E o princípio tem a ver com entender exatamente o que é Parentalidade Positiva. Se você está lendo este livro com vontade de aprender e de se inspirar para o seu papel de educador, continue neste capítulo. Aqui vou lhe explicar, tintim por tintim, o que está na base desse conceito.

E não, não é um estilo de vida, nem tampouco uma moda. Não é uma ciência ou um conjunto de regras que você tem de seguir. É uma filosofia que promove a relação entre pais e filhos com base no respeito mútuo e, porque esse respeito mútuo existe, a educação da criança é feita de forma altamente construtiva. Em outras palavras, a Parentalidade Positiva é a forma como qualquer pai quer educar (ciente de que educar não é uma coisa simples): com firmeza e também muita empatia e generosidade. Dito de outra forma, a Parentalidade Positiva coloca limites claros à criança, sem usar as desculpas tradicionais e que fazem parte do livro de regras de muitos pais, tais como:

> "Não, não tem bolo! Já disse que não. Ainda por cima, você não está vendo que não são de hoje e devem estar estragados?"
>
> "Que feia, sempre chorando. Já está com quase 5 anos, tem que se comportar como uma mocinha."
>
> "Toma, por isso está apanhando!"
>
> "Olha que eu vou chamar a polícia!"

A Parentalidade Positiva distancia-se, então, da educação da "velha guarda", porque não humilha nem usa qualquer tipo de violência, seja ela verbal (humilhação e berros) ou física (na forma de palmadas, por exemplo), olhando para as crianças como seres humanos inteiros. Antes de serem filhos, são pessoas. E, como pessoas pequenas que são, e que estão em crescimento, necessitam de apoio e orientação. Por isso mesmo, ensinar e aprender não rimam com punição, humilhação ou castigo.

A Parentalidade Positiva é, então, uma forma de relacionamento digno, com base no respeito entre pais e filhos.

Resumindo, os pais reconhecem as crianças como indivíduos inteiros, capazes e nunca inferiores a eles mesmos. Na verdade, a grande diferença entre uma criança e um adulto é que o adulto sabe e a criança conta com ele para aprender. A relação não é por isso de igual para igual, porque pais e filhos não estão no mesmo nível.

E aí vem a pergunta: qual é o objetivo disto?

O objetivo é criar adultos íntegros, saudáveis, desencanados e felizes! Se é verdade que educar dá trabalho, alguém disse que "dá mais trabalho tratar de adultos infelizes". Pessoas felizes são pessoas que fazem mais bem do que mal, que são mais responsáveis, e que sabem fazer acontecer a sua própria sorte. E sim, como lhe disse há pouco, tudo isto pode ser ensinado e modelado enquanto educamos os nossos filhos.

Uma criança que é educada com base na Parentalidade Positiva é uma criança que floresce mais facilmente. É uma criança que compreende e integra os limites que existem na sua vida. E como e por quê? Porque percebeu o interesse dessas mesmas regras e não precisa do pai ou da mãe ao lado para as executar. É uma criança disciplinada, porque é incentivada a pensar, a escutar-se e a escutar os outros, porque ela própria é ouvida. É uma criança que sabe esperar pela recompensa. É uma criança que entende mais facilmente que a sua felicidade depende de si e não procura justificativas ou culpados quando as coisas correm mal. É uma criança que tem uma boa autoimagem e que quer continuar a ter uma boa imagem de si. E é uma criança que começa a desenvolver uma Inteligência Emocional e uma autoestima equilibradas.

Entusiasmado? Tenho a certeza que sim! Neste livro vou explicar-lhe o que fazer para chegar lá.

Agora você vai conhecer os diferentes tipos de educação que existem e identificar o seu. Pode estar em um dos extremos: ora mais autoritário, ora mais permissivo, e também pode andar de um lado para o outro. Na verdade, hoje em dia esse é o que está mais na moda. Chamo-lhe educação "uma no cravo e outra na ferradura" e, embora possa parecer um paradoxo, esta indecisão pode causar mais dano do que ficar só em um estilo. No próximo ponto vamos perceber por quê.

> **A PARENTALIDADE POSITIVA VAI FAZER COM QUE O MEU FILHO DEIXE DE FAZER BIRRAS, SEJA BOM ALUNO E UM RAPAZ BEM-EDUCADO?**
>
> Eu gostaria muito que todos os pais tivessem uma varinha de condão mágica. Como seria fantástico acenar com ela, dizer as palavras mágicas e ver os nossos desejos tornarem-se realidade.
>
> Bem... Mas ela não existe...
>
> Educar com base nesta filosofia assegura que os nossos filhos possam ter um desenvolvimento sadio, uma vez que o vínculo que têm conosco é forte. E porque esse vínculo é forte, as crianças são mais seguras, mais resilientes e desenvolvem-se de forma mais tranquila. E porque a ligação que temos com eles é forte, a nossa influência é muito maior.
>
> Além disso, você ganha uma casa muito mais alegre... E há poucas coisas melhores do que isso!

1.2 Os diferentes tipos de educação

Faz diferença a forma como educamos os nossos filhos? Claro que sim.

A forma como nos comunicamos com eles, como os guiamos e como fazemos isso tem um impacto enorme na forma como eles se veem.

Há famílias em que os pais são mais autoritários, outras, mais permissivos, e outras, até negligentes. E há casas onde há um pouco de tudo isso.

A educação autoritária

É a que faz uso das palmadas, dos castigos, do medo e do "não me faça gritar com você". Se é verdade que, de imediato, a criança atua da forma que o pai ou a mãe quer, também é verdade que o faz porque não quer ser castigado ou levar uma palmada. Não atua como lhe é pedido porque não compreendeu o interesse do que lhe é pedido.

> *"Não bata no seu irmão."*
> *"Não ponha os pés em cima da mesa de jantar."*
> *"Vou mesmo ter de me aborrecer com você!"*

Por outro lado, é possível que faça o que lhe foi pedido apenas quando os pais estão ao lado, vigiando. Quando os pais se ausentam, volta o "mais do mesmo". E, com o continuar desse comportamento, é habitual a criança começar a procurar justificativas e culpados para a atitude que teve, e, por conseguinte, não se sentir responsável por nada. Ora, quando não se sente responsável, não pode mudar o comportamento. É comum, em crianças educadas de forma autoritária, haver comportamentos de resistência em relação à dinâmica da relação com os pais. Isso acontece porque os pais não escutam as verdadeiras necessidades dos filhos e querem sempre ter a última palavra. Na verdade, muitos pais sentem-se ameaçados na sua função de educadores quando a criança não obedece, e é comum vê-los tomar atitudes do *quero, posso e mando* quando não encontram outros recursos ou formas positivas de lidar com os filhos. Por isso, é natural que as crianças se afastem de nós e que o vínculo parental comece a se quebrar.

Mas, então, eu não posso mais dar ordens?
Claro que pode! A diferença é que, na Parentalidade Positiva, escuta-se a criança, pode-se ou não negociar com ela aquilo que é negociável e dizer-lhe para agir de uma determinada forma, explicando-se por que, sem ameaças ou humilhações.

Afinal, ninguém nasce ensinado, e uma criança precisa de adultos que a orientem apropriadamente, de forma séria e firme.

Por vezes, uma palmada ou castigo dados no momento certo é tudo o que uma criança precisa!

Tenho a certeza de que, a curto ou a médio prazo, este tipo de "correções" funciona. A questão é que a criança obedece com base no medo e não porque entendeu o interesse do que lhe é pedido. O nosso objetivo, como pais, não pode passar por estarmos sempre por trás dos pequenos, garantindo que eles fazem aquilo que deve acontecer. O objetivo é que as crianças consigam entender as regras e aplicá-las. Quando não conseguem entendê-las, é importante que possam sentir que o pedido que os pais lhes fazem é justo e, portanto, aceitarem com maior facilidade esse pedido.

E como eles aprendem se não são castigados?

Há uma única fórmula. E ela é simples e eficaz e exige de si um controle grande e um respeito imenso, por si mesmo e pela criança. Caso esteja à procura de uma fórmula rebuscada, lamento desiludi-lo, mas esta não tem nada de complexo ou que exija uma formação de longa duração. As crianças aprendem por meio do nosso exemplo e também com base no vínculo que têm conosco. Quanto melhor for a qualidade da nossa relação com os nossos filhos, maior é a nossa influência.

Quando o nosso filho se sente ligado a nós, isso significa que confia em nós e que nos respeita. E quando isso acontece, ele está disponível para cooperar e para nos escutar.

Na verdade, essa é a única fórmula para conseguirmos influenciar positivamente os nossos filhos.

FAÇA AQUILO QUE DIZ

- Se diz que vai fazer, faça.
- Se diz que não vai fazer, não faça.
- Se diz que é alguém que cumpre com a sua palavra, cumpra.
- Se diz que é alguém que passa tempo com os seus filhos, passe.
- Se diz que é uma pessoa séria, atue dessa maneira.
- Se diz que é uma pessoa responsável, prove.
- Se diz que chega pontualmente aos seus encontros, chegue.

> Basicamente, é isso. Esta é a melhor dica que eu tenho: fazer a atitude combinar com as palavras. Quando passamos valores aos pequenos (ou estamos simplesmente educando), devemos ser os primeiros a dar o exemplo. E dessa forma que os influenciamos.
> A eles e a todos a nossa volta.
> Uma pessoa com uma atitude genuína e coerente inspira os outros.
> É alguém em quem se confia. E, se se confia, temos vontade de seguir. No caso das crianças, e porque uma coisa reflete a outra, temos uma influência maior, porque exigimos o que sabemos que é o certo e porque também vivemos dessa forma.

E um castigozinho de vez em quando? Não?

Diz a sabedoria popular que "cada um sabe de si e Deus sabe de todos". O meu objetivo não é convencê-lo de que as palmadas e o castigo não são solução. Até porque, de imediato, e numa determinada idade, as crianças param e fazem aquilo que nós, via palmada ou castigo ou até ameaça, pedimos. Há pais que dizem "Agora já nem castigar funciona! Ele não tem medo de nada", mostrando que, na verdade, o medo é uma poderosa arma parental mas que, a longo prazo, de fato, não funciona.

O meu objetivo é mostrar o que se ganha e o que se perde escolhendo uma ou outra via. A decisão é apenas sua. É o leitor que vive com os seus filhos e é com eles que vai para casa, no final do dia. É o leitor que tem uma relação com eles e é o leitor que sabe que tipo de relação deseja criar. Mas voltando à questão...Castigo pode soar muitas vezes como uma ferramenta educativa. Mas educar é algo que é positivo, é bom. "Castigo" tem associado a si a palavra "sofrer".

Vale a pena pensar nisso. Para mais leituras sobre castigos, consequências, palmadas e companhia, veja o Capítulo 5 deste livro, "Quem manda aqui sou eu!".

> **NÃO TEM MAL OUVIR UMA BRONCA DE VEZ EM QUANDO**
> **– É ASSIM QUE SE APRENDE COMO É O MUNDO!**
>
> É comum ouvir frases como "É para o bem dele/dela, assim não fica numa redoma e conhece a vida. Levar uma bronca bem dada só lhe faz é bem!"

> Claro que entendo esse raciocínio – podemos vê-lo, inclusive, como uma forma de defesa, uma aprendizagem para lidar com as futuras situações mais difíceis da vida.
> Mas há o reverso da moeda.
> Quando tratamos os nossos filhos com base no respeito, oferecendo amor e limites claros, que são profundamente estruturantes para uma criança – assim como as consequências, que são normais na vida de pequenos e grandes, então, estamos ensinando boas competências relacionais, respeito pelos outros. Tudo isso culmina na construção de um bom caráter e responsabilidade.
> Assim, aquilo que eu posso esperar que aconteça lá fora, no mundo real, é que os nossos filhos repitam esse tipo de comportamento com os outros e se distanciem daqueles que não os respeitam e que não os tratam bem. Por quê? Porque conhecem o que é serem amados, respeitados e bem tratados. A base dessa ideia não é o medo (prepará-lo para estar à altura de situações menos agradáveis), mas antes o desenvolvimento de uma pessoa com princípios e valores que atestam o seu caráter forte e que saberá fazer as melhores escolhas.

A educação permissiva

É o contrário da autoritária: se, na primeira, pouco é permitido, neste estilo de educação, permite-se quase tudo. E por quê? Por vários motivos: o medo de frustrar a criança, o sentimento de culpa (muitas vezes no caso de pais separados ou de pais que trabalham muito tempo fora de casa, ou simplesmente porque a culpa é algo que está associado à tarefa de se ser pai e mãe), deixa-se e permite-se tudo. Ora, uma criança, para crescer de forma segura, precisa de limites e de regras. E quando essas regras lhe são explicadas, adaptando-se a explicação à idade da criança, ela as entende.

Não pense, no entanto, que uma simples e clara explicação basta. A maior parte das vezes é necessário explicar, exemplificar e depois pedir que a criança verbalize o que compreendeu, garantindo que a mensagem foi entendida. Uma, duas, três ou mais vezes. Uma criança que vive sem regras é uma criança ansiosa e que sente que, quando os pais não conseguem fazer com que ela obedeça, então também não a conseguem proteger. E isso é terrivelmente assustador. Mais tarde, será um adulto incapaz, mimado, que acha que todos devem fazer aquilo que ele quer, que têm a obrigação de ajudá-lo (porque em casa, quando ele não gostava ou não queria alguma coisa, todos encontravam uma alternativa para a criança não ficar frustrada, "coitadinha").

A Parentalidade Positiva é um *meio-termo* que se baseia no respeito mútuo, em que a função dos pais é educar e humanizar a criança, tornando-a um adulto íntegro, saudável e feliz.

A educação negligente

Ao contrário do que acontecia há uns anos, a educação negligente não é atributo de uma classe social com dificuldades econômicas ou baixa escolaridade.

Hoje em dia, a educação negligente é vista em adultos bem formados, com empregos importantes e que, embora sejam pais, não assumiram ainda 100% do papel de educadores. Salvo situações excepcionais, a educação dos nossos filhos não se delega a outras pessoas. E ser pai e mãe significa que deixamos o nosso papel principal de filhos e agora somos atores, no papel principal de pais.

Considera-se negligência quando:
- Os pais não brincam com os filhos (sabendo que esta é uma forma de desenvolver uma criança, de estabelecer comunicação e vínculo – mesmo que não se goste de fazer isso) e, em vez disso, colocam-nos em frente à televisão durante 3 horas seguidas.
- Os pais falham em termos da alimentação que põem à mesa – o importante não é apenas que durma de barriga cheia (e que durma a noite toda), mas sim que possa alimentar-se de uma forma variada e regrada. Não é só importante para a saúde do corpo como também para o correto desenvolvimento do cérebro. Um bom prato de sopa, uns legumes cozidos, uma proteína e arroz, batata ou leguminosas são refeições saudáveis e econômicas.
- Os pais pensam que *tudo se educa*. Sim, tudo se educa – a questão é "A que preço?" Investir o nosso tempo, interessarmo-nos genuinamente e informarmo-nos sobre o que podemos fazer melhor, todos os dias.
- Os pais deixam os filhos pequenos escolherem as suas horas de descanso. É comum a hora de ir para a cama gerar estresse e aborrecimentos. Mas isso não é motivo para deixar as crianças ficarem em frente a um televisor ou jogarem até caírem de exaustão e não reclamarem. Enquanto isso, mais

negligente é o pai que aproveita esse tempo para ficar em frente ao computador, "conversando" nas redes sociais ou fazendo outro tipo de atividade que não envolva o filho. Estão todos juntos numa sala, mas cada um levando a sua vida. E é uma pena!

1.3 Por que esses tipos de educação não funcionam?

Na educação autoritária, é comum a criança fazer aquilo que a mãe ou pai lhe pede porque é obrigada e porque tem medo. Por outro lado, a criança não entendeu o interesse em fazê-lo espontaneamente (tantas vezes esquecemo-nos de explicar a razão das coisas).

Mais do que obrigar uma criança a fazer alguma coisa, é fundamental procurar que ela coopere conosco. E uma pessoa só coopera quando se sente próxima de nós.

Quando educamos de uma forma mais permissiva (ou quando somos negligentes), aquilo que indiretamente transmitimos aos nossos filhos é que o mundo é um lugar inseguro. Uma educação em que não há regras é uma educação em que a criança vai sentir uma enorme angústia. E, ao mesmo tempo que se sente insegura, sente também (ainda que possa não ser verdade, mas sente) que, se o pai e a mãe não lhe conseguem colocar regras e limites, então, também não conseguirão protegê-la. Embora possa parecer um paradoxo, as crianças que fazem o que querem e que são até mal-educadas para os pais, acreditando que podem tudo, são crianças que sentem que os pais não as amam. E, talvez por sentirem tudo isso, pedem e exigem esse amor de uma forma errada. Mas tantas vezes esses pais, quer seja pela natureza que têm, quer seja para fugirem de um possível conflito com os filhos (e com os outros, eventualmente), são pais que cedem tudo, não conseguindo perceber que uma atitude clara e firme é fundamental e decisiva para que a criança cresça de uma forma segura e feliz.

Crescer com limites é, por isso, determinante. Não só porque esses limites lhe dão segurança, mas também porque é dentro desses limites que a criança é totalmente livre para explorar, crescer e desenvolver-se. Pode parecer-lhe que, mais uma vez, estamos perante um paradoxo, mas asseguro-lhe de que crescer com limites é fundamental para que uma criança seja feliz e se sinta segura.

1.4 Praticar a Educação e a Parentalidade Positiva no dia a dia

Para praticar a Educação e a Parentalidade Positiva, aplique estes 14 princípios diariamente. No final dos 14, escreva outras formas de aplicação concreta que lembrar – não fique apenas na teoria!

- **Prevenir os comportamentos.** Não peça cooperação apenas quando precisar dela – trabalhe a relação em todos os momentos para que a cooperação surja naturalmente. Não vou lhe dizer que no início não dá trabalho, mas assim que começar a colher os frutos desta relação, tudo se torna muito mais fácil e muito mais simples. Garanto!
- **Colocar limites de forma empática.** Isto significa que não tem de gritar, fazer cara de mau ou usar frases como "Olha que eu me levanto daqui e você vai ver!" Para saber mais sobre isso, veja o Capítulo 5 deste livro.
- **Olhar para os nossos filhos e compreendermos a sua natureza.** Não há duas crianças iguais e não há uma forma única de educar. Esteja atento para saber do que é que o seu filho precisa na orientação educativa que você está dando.
- **Respeitar os nossos filhos.** Parece óbvio, mas muitas vezes somos os primeiros a faltar ao respeito com eles. Tal como nós, eles também têm o direito de se sentirem zangados, desconsolados, felizes, histéricos... São sentimentos e não comportamentos.
- **Ser empático.** Da próxima vez que tivermos de lidar com uma situação menos fácil, imaginar que estamos no papel do nosso filho – como é que gostaríamos que nos tratassem naquela situação? Certamente isso ajuda no momento de agir.
- **Ser claros e concretos** naquilo que dizemos. Dar alternativas.
- **Não precisa de muitas regras.** Quando uma regra é clara, ela deixa implícito o que pode e o que não pode, ainda, acontecer. É muito importante que possamos encontrar (em conjunto ou não), alternativas, porque são elas que vão redirecionar a criança.
- **Ser firme e consistente.** Se definimos que, quando chegamos em casa, todos tiram os sapatos, então façamos o mesmo (dar o exemplo) e, nos dias em que o mais novo se esqueceu de o fazer, é fundamental que não façamos de conta que não vimos. Basta dizer "João, os sapatos!" e apontar para a entrada. Ele saberá o que tem de fazer.

- **A primeira regra da Parentalidade Positiva diz: pais felizes = filhos felizes.** Já andou de avião? Uma das regras, em caso de despressurização da cabine, é que coloquemos primeiro a nossa máscara de oxigênio e só depois a dos nossos filhos. Por quê? Porque no caso de não estarmos bem, não é possível conseguirmos dar o nosso melhor. Na educação dos nossos filhos é igual: para driblar as birras e sentirmo-nos satisfeitos de uma forma geral. Tempo para nós é, por isso, decisivo para gerir tudo isso.
- **O vínculo** é a qualidade da relação entre pais e filhos e é sobre ele que a relação positiva se constrói. Ao longo deste livro vou falar da importância decisiva deste ponto – com um vínculo forte tudo se torna muito mais fácil.
- **Parentalidade proativa** é uma parentalidade que sabe que o desenvolvimento de uma criança é feito por fases e que, por isso, se adapta a essa evolução e responde de forma preventiva aos acontecimentos.
- **Liderança empática.** Um líder é aquele que modela comportamentos, que faz gestos combinarem com as palavras e sabe qual é, exatamente, o seu papel: educar, guiar, orientar e mostrar, levando a criança a descobrir o que ela tem de melhor.
- **Disciplinar sem castigar.** Quando se educa com base no respeito, prevenindo e acompanhando, não há lugar para castigos. Castigar é um jogo de poder. Então, como a criança aprende? É só com conversa? Claro que não! Na vida, há consequências, e ela aprende muito mais com elas (Dê um salto ao Capítulo 5 para ler com detalhe sobre elas).
- **Sublinhar o que desejamos.** O discurso positivo pode ser uma moda, mas tem muito de... positivo! É uma verdadeira revolução na forma de pensar (sobre este ponto, convido-o a ler o Capítulo 4).

O EFEITO MICHELANGELO NA EDUCAÇÃO DOS NOSSOS FILHOS

Michelangelo foi conhecido por retirar o que a pedra tinha a mais, revelando imagens extraordinárias que ela escondia.

Este termo – o efeito Michelangelo – foi usado pela primeira vez em 1999 pelo psicólogo americano Stephen Michael Drigotas, quando, numa relação, duas pessoas sabem extrair o que de melhor elas têm, transformando-se no "melhor em si". Quando temos uma percepção positiva em relação aos nossos filhos, e esperamos e procuramos o melhor que eles têm, então, estamos ajudando-os a atingirem esses ideais.

A diferença entre a Parentalidade Positiva e o *Attachment Parenting*

Quando se ouve, pela primeira vez, o termo Parentalidade Positiva, é natural pensar-se que é uma forma permissiva de educar. Há pais que até se recusam em saber mais sobre esta filosofia justamente porque receiam que os pequenos quebrem todos os limites e que seja mais uma moda na educação.

Os primeiros a falarem no conceito de *Attachment Parenting* (AP) foram Adler e Dreikurs, mas, hoje em dia, um dos grandes senhores deste movimento é o famoso Dr. Sears, que defende, além da importância da pertença e do significado, que a vida dos pais deve ser adaptada à criança. O *Attachment Parenting* vê com algum interesse as recompensas, as tabelas do bom comportamento (aquelas com figurinhas ou *smiles*) e os grandes entusiastas desta filosofia consideram que a amamentação, o *co-sleeping* e o transportar a criança em tecidos ou *slings* são absolutamente vitais. O *Attachment Parenting* é mais praticado por pais com crianças pequenas e por pais de primeira-viagem.

A Parentalidade Positiva, tal como o AP, tem foco na criação de uma relação baseada no respeito mútuo e no amor. No entanto, esta filosofia pode ser adaptada a qualquer altura da nossa vida com os nossos filhos e não apenas quando eles são pequenos. Na verdade, e embora este livro contenha exemplos com crianças até os 10 anos, sensivelmente, tudo o que vai ler daqui para a frente pode ser aplicado aos adolescentes e aos adultos.

É comum os pais voltarem-se para a Educação e Parentalidade Positiva porque não querem castigar e, infelizmente, alguns vão de um extremo ao outro, tornam-se permissivos. Felizmente, e como verá ao longo deste livro, a Parentalidade Positiva assenta em princípios simples e cujo sucesso depende, em grande parte, apenas de nós.

1.5 Existe mimo a mais?

Antes de mais nada, convém explicar o que se entende por mimo. A explicação não é minha, e sim do dicionário *on-line* Priberam, que diz que mimar significa:

> Tratar com mimo = ACARINHAR, AMIMALHAR, AMIMAR, MIMOSEAR

Assim, mimar está ligado aos afetos, ao carinho, e não é um atributo negativo que significa "estar estragando" e a quem "todas as vontades são feitas", como se os pais e demais educadores não tivessem poder de escolha.

Na verdade, mimo a mais não existe. Mimo é amor, e amar um filho é natural. O que pode haver é falta de limites. E isso sim, "estraga" os filhos e potencializa a criação de crianças que não são empáticas, que não têm maneiras e que não têm nenhuma tolerância à frustração, não sabendo gerir os seus sentimentos. Contudo, essas são competências que se trabalham e que se ensinam nas pequenas coisas do dia a dia. Saber controlar um desejo (como deixar para a sobremesa a caixa de chocolates) ou aprender a juntar dinheiro para ir fazer uma certa atividade não só responsabiliza a criança, como também lhe mostra que há um momento e um lugar para tudo.

E agora a grande questão:

Como se colocam limites firmes e empáticos, sem humilhar ou recorrer a chantagem ou a ofertas?

O seu filho é uma pessoa e, enquanto pessoa pequena que é, merece ser tratado com dignidade e amor. E dignidade vem primeiro, porque isso significa que se é tratado com base na verdade e de forma generosa.

Tratar com verdade significa dizer-lhe, a cada momento, o porquê das coisas.

Clareza – dizer de forma muito clara o que espera do seu filho e ter a certeza de que ele entendeu, pedindo que reformule o que lhe disse. Lidar com as frustrações dele e as suas – sinceramente, a forma como lidamos com as frustrações dos nossos filhos pode ser a nossa maior frustração. Se você espera que o seu filho espernei e chore quando lhe diz que está na hora de arrumar os brinquedos e ir tomar banho, mesmo que já o tenha feito anteriormente, então lembre-se de que este é um sentimento comumente sentido por todos os pais. A ideia não é eliminar a frustração, mas sim aprender a administrá-la: a sua e a do seu filho. No Capítulo 3 deste livro, você encontra mais sobre esse assunto.

Dizer-lhe, claramente, o que sente em relação a uma situação. Quer um exemplo? É totalmente diferente dizer a um filho:

"Você está sempre gritando! Pare já com isso!" ou *"Você está me incomodando! Pare de gritar!"*

Ou dizer-lhe:

"Fico incomodada quando você grita assim. Pare, por favor."

É impressionante a forma como cooperam e conseguem entender, claramente, que o seu comportamento afeta os outros. O que aprendemos com isto? A nunca subestimar uma criança.

1.6 Afinal, os limites e as regras são sinônimos de felicidade?

Claro que sim! Como expliquei acima, uma criança que vive sem limites é uma criança que percebe o mundo como um lugar inseguro. Mais, aquilo que ela sente é que, se o pai não lhe consegue colocar limites firmes e claros, então, provavelmente não conseguirá protegê-la. E é este sentimento de proteção que dá segurança aos filhos. Embora possa parecer um paradoxo, a ausência de limites é terrivelmente assustadora para uma criança.

Por fim, saber que há limites permite às crianças atuarem em liberdade dentro desses limites e sentirem-se em segurança para explorarem e crescerem.

Conclusão: é necessário recordarmos que pais e filhos têm lugares e funções diferentes. Um de nós sabe um pouco mais do que o outro – pelo menos espera-se que sim. Um tem como missão ensinar, proteger, educar. Por isso mesmo, a sua autoridade é inquestionável. Quem manda dentro e fora de casa são os pais. Autoritarismo é um abuso de poder. É um capricho. É um jogo de poder, quando educar não é um jogo de poder. Autoritarismo é uma espécie de birra dos pais e, com franqueza, é mais difícil lidar e gerir as birras dos adultos do que as dos pequenos...

1.7 Regra nº 1: pais felizes = filhos felizes

A regra nº 1 é pais felizes = filhos felizes.

Não há segredo – esta é a regra principal. Quando estamos felizes, sentimo-nos "mais". Mais capazes, com mais energia, com mais paciência, com mais capacidade de driblar aquela birra no final do dia, com mais capacidade de dar banhos, vestir pijamas, fazer o jantar e ainda arrumar a louça depois. A vida está cheia de tarefas monótonas, pouco românticas e que nos sugam a energia. Então, se eu estou bem, em equilíbrio, também ajudo os outros a estarem assim, porque o entusiasmo é um sentimento contagiante.

Ninguém é mais responsável pela minha felicidade do que eu. Posso ter um vizinho horrível, poucos amigos, mas isso são as circunstâncias da vida. Neste jogo todo, 40% da minha felicidade é intencional, está naquilo que eu escolho fazer. Se estou brincando com os meus filhos de má vontade, com cara de poucos amigos, porque, na verdade, o que eu mais queria era ir uma ou duas vezes por semana à academia, ou conversar com uma amiga, ou frequentar um curso, então, talvez seja importante fazer isso mesmo e estar, nos dias que se seguem, bem com os meus filhos.

Não há grande segredo nisto. A maior parte das pessoas conhece esta fórmula. A grande diferença está em nos permitirmos fazer isto, deixarmos os nossos filhos e irmos tratar de nós. O segredo está em autorizarmo-nos a fazê-lo. A culpa judaico-cristã ainda é muito responsável por este tipo de comportamento – na verdade, em muitas famílias, os homens continuam a se permitirem um jogo de futebol duas vezes por semana e a mulher, mesmo tendo essa oportunidade, prefere adiar... É no mínimo curioso observar esses comportamentos, mas eles são fruto de anos e anos de reações idênticas, muito difíceis de mudar.

Na vida podemos ter tudo – só não podemos ter tudo ao mesmo tempo.

Se você quer chegar em casa e brincar com os filhos no final do dia, então, é possível que seja mais fácil esquentar uma sopa e comer uma fruta em vez de fazer um refogado de carne ou um peixe cozido. Não tem o jantar 5 estrelas, mas tem a brincadeira com as crianças.

Se você quer brincar com os filhos e, ao mesmo tempo, assegurar que estejam na cama às 21h, então, é possível que não lhes dê um banho completo todos os dias.

Essas coisas não têm de ser sempre rígidas e imutáveis – já basta as que têm mesmo que ser. Então, por favor, descomplique! Viva os dias, um dia de cada vez!

Caso: como ser uma mãe melhor
Idade da criança: **7 e 9 anos**
Ando há três ou quatro dias gritando com os meus filhos. Eles não fazem nada daquilo que lhes peço, mas também admito que já não tenho paciência nem tampouco ideias ou estratégias... O que eu posso fazer para ser uma mãe melhor? Sinto que sou uma mãe bruxa e muito culpada...

Acredito que a maior parte das mães já sentiu, mais ou menos intensamente, o que é ser uma mãe bruxa – a expressão é muito interessante. E a culpa vem, por norma, no pacote, quando nos tornamos uma.

Há uma série de coisas que você pode fazer para se sentir menos culpada e para tomar as rédeas da situação.

- Antes de tudo, seja feliz e trate da sua felicidade. Não é egoísmo, mas, como sentirá rapidamente, quando está bem, em equilíbrio e feliz, consegue dar mesmo o melhor de si. Reveja as suas horas de sono, faça exercício se puder, alimente-se como deve ser, hidrate-se e tenha tempo para um passatempo que aprecie – ler, ouvir música, ver um filme, meditar, escrever, cozinhar –, você decide. Você deve estar agora se perguntando "onde é que vou arranjar tempo para isso?" Eu não sei, mas se lhe disser que é tão fundamental tratarmos da nossa felicidade como tomar um comprimido para a saúde, então talvez comece a focar-se nisso.
- Sabe, é importante que tenhamos tempo para nós, para estarmos sozinhos, porque é conosco que vamos passar o resto da nossa vida e por isso é mesmo bom que saibamos nos dar bem conosco.
- Depois, invista na sua relação amorosa – não estou sugerindo que saiam quinzenalmente só os dois, mas, se não tiver tempo para dedicar à sua relação, é muito possível que, quando o seu filho sair de casa, se questione "Quem é este fulano?" Não é isso que vai querer, é? Namorem! Faz bem e é bom.
- Muitas vezes, aquele comportamento do seu filho é uma fase. E as fases passam. Aceite, por isso, aquele conselho que todos lhe dão: "Aproveite! Passa rápido! Quando se der conta, já saíram de casa!" É difícil, mas lembre-se de que o tempo não volta.

- Ame incondicionalmente. Amar incondicionalmente é amar inteiramente. Não há lugar a "Eu não gosto de você quando você faz isso". Isso chama-se amor condicional. É o inverso.
- Se você não está aguentando, também tem o direito de dizer "Basta! Já não aguento! Eu não permito isto". É o seu limite, você é humano!
- Aprecie a beleza das coisas à sua volta. Já mostrou ao seu filho como uma joaninha é vermelha? Deixe-se encantar! Imprima no seu corpo, nas suas memórias e em todos os seus sentidos esses momentos maravilhosos que você, ele e o seu núcleo duro criam!
- Não leve a vida tão a sério. Descomplique! Desencane! Aprenda! Viva! Faça as coisas acontecerem! Sorria! Dizem que é um bom remédio.
- No final, morremos todos! Quer gastar tempo com porcarias? Mesmo?

1.8 O segredo das famílias felizes

Leon Tolstói dizia que "As famílias felizes são todas felizes de forma igual e as infelizes são infelizes à sua maneira". Ralph Waldo Emerson disse que "Para mentes diferentes, o mesmo mundo pode ser o paraíso ou o inferno" E eu digo o que as famílias felizes fazem para criarem relações com maior significado, tornando o seu lar mais próximo do paraíso do que do inferno.

- **Estão mesmo presentes.** Isso quer dizer que se interessam, genuinamente, uns pelos outros e querem saber mais uns sobre os outros.
- **Aceitam-se.** Quem tem mais que um filho sabe como os irmãos podem ser muito diferentes. É, por isso, natural que nos identifiquemos mais com um do que com outro numas coisas, o que não significa que o amor seja posto em causa. Quando aceitamos que todos temos naturezas diferentes, somos mais felizes uns com os outros. Aceitar a natureza é fazer com que a criança se sinta amada e isso gera felicidade.
- **Respondem às necessidades de cada um.** Um filho é muito tímido e o outro "é dado". Naturezas diferentes exigem respostas diferentes. Isso significa também que o fato de inscrever um filho nas aulas de violão não

quer dizer que tenha de fazer o mesmo com o outro, se isso não for minimamente do seu interesse.
- **Comunicação não violenta.** Não é porque o seu filho cruzou uma linha que tem que gritar com ele, chamá-lo de estúpido ou humilhá-lo. Quando explicamos, de forma respeitosa e generosa, ainda que zangados, que não gostamos de uma determinada atitude ou que estamos desapontados porque o nosso filho do meio nos prometeu A e afinal fez B, estamos criando espaço para que a criança tenha vontade de fazer diferente. Apontamos o dedo ao comportamento e não à criança.
- **Olhe para o que eu digo e olhe para o que eu faço.** Dar o exemplo! Dar o exemplo! Dar o exemplo! Faça que as palavras batam com o comportamento. Quer que o seu filho pare de brincar com o *tablet* e se foque na lição de casa? Então, quando estiver fazendo algo que exija concentração, faça igual. Quer que o seu filho diga sempre a verdade? Então, diga sempre a verdade.
- **Famílias felizes são mais pacientes uns com os outros,** dão o espaço e o tempo que é necessário e, mais do que isso, ajudam-se mutuamente.
- **Discutem e aborrecem-se menos.** É comum eu ouvir que berram todos uns com os outros, mas que, no minuto seguinte, já passou. Eu não tenho dúvidas de que assim seja, mas, durante a discussão, o mal-estar que é provocado e o desconforto são grandes, sobretudo porque a parte da gestão das emoções não é feita e podem ser ditas coisas que magoam e que podem não ser esquecidas.
- **Famílias felizes vão para a cama depois de fazerem as pazes.** Há momentos em que nos detestamos e não nos podemos ver na frente. Isso é natural e acontece quando há um conflito. Aliás, um conflito é normal e é uma excelente oportunidade para se ensinar muita coisa. Mas, quando vão para a cama, mesmo depois de um aborrecimento, há a leitura do livro e o beijo de boa-noite. Isso devolve a esperança à criança e aos pais que amanhã será um dia melhor e que, quando nos sentimos perdoados, acreditamos que podemos fazer melhor.
- **Têm fé uns nos outros** e acreditam que a condição humana tem muito de bom. E porque são felizes, têm fé no amanhã e sentem que o futuro pode ser um lugar interessante!

1.8.1 Os pais também precisam de apoio

A função dos pais não é fácil e, de alguma forma, todos esperam que saibamos exatamente o que temos de fazer. A pressão que sentimos pode ser enorme e, na maior parte das vezes, há poucas oportunidades para treinarmos e fazermos bem logo de cara.

É fundamental que você tenha uma boa amiga ou um bom amigo com quem possa partilhar, sem julgamentos, os desafios de educar os seus filhos, que são os melhores do mundo, mas que, em determinados momentos, colocam você à beira de um ataque de nervos. Por outro lado, e sempre que lhe for possível, leia acerca desses assuntos – é importante que tenha uma orientação e que saiba quais são os marcos estruturantes do crescimento – isso ajuda a ter uma resposta mais serena, a prevenir acontecimentos e a estar atento, como é o caso do *bullying*.

A forma como escrevi este livro vai nesse sentido – orientá-lo e dar-lhe as melhores ferramentas para o seu caminho enquanto educador.

O caminho faz-se caminhando! Vamos lá, então!

O QUE VOCÊ APRENDEU NESTE CAPÍTULO

- Educar não é tarefa fácil, mas pode, mesmo assim, ser muito gratificante e até extraordinário.
- É quando aceitamos a natureza dos nossos filhos que os estamos ajudando a realmente florescer.
- É possível educar sem punir (mas continue a ler, que isso é só o início).
- A Educação Parental Positiva é uma filosofia que tem por base o respeito mútuo entre pais e filhos.
- Mimo a mais não existe.

2

O QUE SE PASSA NA CABEÇA DO SEU FILHO?

Se, de repente, o seu anjinho vira diabinho, este capítulo é para você.

Se não consegue entender por que, de repente, ele começou a chorar e você quer driblar aquela birra em menos de um piscar de olhos, sente-se confortavelmente no seu sofá e leia o que se segue. Você está a um passo de acabar com essas birras! Seja bem-vindo ao cérebro do seu filho!

ANTES DE CONTINUAR, RESPONDA A ESTE QUESTIONÁRIO E TESTE OS SEUS CONHECIMENTOS

1. **Com que idade podemos considerar que o cérebro humano está maduro?**
   - 1 ano
   - 6 anos
   - 23 anos
   - 60 anos

2. **Em quantas áreas se divide o cérebro?**
   - Uma
   - Duas
   - Três.
   - Quatro.

3. **Quando seu filho está fazendo uma birrinha malandra, daquelas que passam assim que o desejo é satisfeito, convém saber que:**
   - Se eu quero que ele se cale, é melhor fazer-lhe já a vontade!
   - Não se negocia com terroristas.
   - Uma cara feia ou uma ameaça para ele perceber quem manda aqui.
   - Eu comprei este livro justamente para saber a resposta para isso.

4. **O que vai acontecer depois de ter lido este capítulo?**
   - Vou tornar-me um neurologista.
   - Vou conseguir ler os pensamentos do meu filho.
   - Vou integrar e compreender por que razão o meu filho faz birra e vou ter muito mais paciência. Também sairei com estratégias para lidar com as birras, os choros e os medos. E agora estou pensando que este ponto é bom demais para ser verdade e, por isso, só pode ser uma das respostas acima.

Nota: as respostas ao questionário estão todas nas próximas páginas.

(Advertência: a abordagem que faço ao cérebro da criança é prática e simples – não é minha intenção aproximar-me da abordagem científica – olho para o cérebro da criança do ponto de vista da Inteligência Emocional.)

2.1 E de repente o seu anjinho vira diabinho

O leitor pergunta-se, certamente, por que razão haveria de querer ler um capítulo acerca do cérebro do seu filho quando não é, nem de longe, um neurologista ou alguém com conhecimentos sobre este assunto (se for, seja bem-vindo também!).

O que posso lhe dizer é que este capítulo é determinante para que possamos nos tornar pais e mães mais empáticos (e, logo, mais pacientes) porque vamos perceber melhor o que faz com que os nossos filhos reajam e como reagem às diferentes situações. E quando entendemos os motivos, respondemos de outra forma, sobretudo nas situações que parecem ser mais difíceis. E vamos respirar aliviados quando concluirmos que, afinal de contas, as crianças não estão sempre querendo testar os nossos limites, mas estão apenas reagindo, de forma normal e comum, a um determinado acontecimento.

Mostrando *a ponta do iceberg* sobre o que vem a seguir, deixe-me dizer que eu não me atreveria a pedir à minha filha de 5 anos para correr uma maratona. Nem a meia maratona. Não lhe pediria porque sei que fisicamente ela ainda não é capaz. E também sei que, do alto dos seus 5 anos, ela ainda não é capaz de administrar totalmente as suas emoções, nem evitar os famosos porquês. Faz tudo parte do processo de crescimento. O dela, como pessoa (e cérebro que se desenvolve), e do meu também, que vou aprendendo a "reconhecer" (daqui a pouco você vai entender o significado que atribuo a esta expressão) e a responder da forma mais eficaz.

Como você se lembra certamente, uma das bases da Educação e Parentalidade Positiva é a proatividade. É importante sabermos quais são os tipos de comportamentos que podemos esperar em cada uma das fases do seu crescimento, para não entrarmos logo em estresse. Se tem crianças pequenas, veja agora o que é normal acontecer em cada uma dessas etapas. Esta é uma tabela indicativa, e o objetivo é o de que você consiga se orientar e tornar-se mais empático e até paciente com o seu filho. Com isso, não quero dizer que "deixe as coisas acontecerem", muito pelo contrário. É justamente quando os ajudamos a administrar tudo isso que eles nos ficam gratos. Mas a partir de agora você deixará de ver esses comportamentos menos adequados e difíceis como má educação, procurando, com certeza, orientar mais do que castigar.

Comportamentos próprios da idade

12-18 meses:
- "Não!"
- Berra com a mínima frustração
- Faz algumas bobagens
- Bate, morde, atira as coisas no chão

18-24 meses:
- "Eu é que sei"
- "Sim, mas..."
- "Aquilo é meu"
- Percebe que as regras podem ser infringidas
- Tem medo do novo
- Não quer dormir
- Não ouve quando chamam
- Recusa-se a comer
- Tudo é xixi, cocô, chupeta

24-36 meses:
- "Eu faço!"
- Não sabe o que quer
- Fica amuado

- Dá muitos beijinhos e diz que nos adora
- Diz que somos feios e malvados

3-4 anos:
- Não quer
- Não respeita as regras
- Argumenta
- Faz bobagens, mas diz que não foi ele
- Descobre o poder do imaginário e inventa
- Fica tímido
- Faz perguntas e é curioso

4-6 anos:
- Tem dores de barriga (imaginárias)
- Tem vergonha
- Demora muito tempo para fazer as coisas
- "Por quê?"

O título deste segundo capítulo até poderia ser "O que se passou na sua cabeça para decidir ter filhos?", mas não é (é natural que uma frase dessas lhe passe, volta e meia, pela cabeça). O título é mesmo "O que se passa na cabeça do seu filho?", nomeadamente naqueles momentos em que ele se estressa e parece entrar em *looping*.

Há um provérbio chinês que diz: "Só há um bebê bonito no mundo e todas as mães têm um."

A forma como o seu filho se relaciona com você, como se agarra a você, dá-lhe a sensação de que o seu coração parece que vai explodir de tanta alegria e amor. Até que um dia, o seu fofinho vira diabinho e começa a gritar, a bater e a atirar ao chão tudo o que lhe vem à mão. E, de repente, aquele amor que quase lhe provocava uma explosão no coração parece ser substituído pelo início de um ataque cardíaco sempre que esse pestinha parece desafiá-lo.

"Mas, afinal, o que se passa com ele? Mas afinal o que foi que eu fiz? Dei mimo demais? Não soube ser firme e agora me deparo com o resultado de muito colo, muitos miminhos e muitos beijinhos?!"

Se você já pensou tudo isso, então, respire fundo e fique descansado. E mesmo que o seu filho já tenha 10 anos (a pré-adolescência começa aos 9 anos e é nesta idade que tecnicamente eles deixam de se chamarem "crianças"), continue a ler...

Antes de avançar, contudo, confirme o que respondeu na questão n° 1 e que está no início deste capítulo.

1. **Com que idade podemos considerar que o cérebro humano está maduro?**
- 1 ano.
- 6 anos.
- 23 anos.
- 60 anos.

A resposta correta é 23 anos. Um pouco mais, um pouco menos.

Quando um bebê nasce, ele é todo impulso. Isso quer dizer que, assim que ele tem fome, o alimento tem de ser imediatamente fornecido ou o "caldo entorna" e vem choro, na certa. O mesmo se aplica para a fralda cheia, o cansaço e a dor. Isso quer dizer que o bebê não consegue administrar qualquer tipo de emoção, e ora chora, ora ri.

O cérebro do bebê ainda está numa fase muito primitiva do seu desenvolvimento. Na verdade, a zona que controla as emoções, e que, portanto, nos atribui a razão, ainda vai se desenvolver. É por isso que o seu filho não consegue nem pode fazer outra coisa a não ser responder por impulso.

Mas voltando ao seu bebê... Com o passar dos meses, é comum começar a jogar com as mãos, a balbuciar depois de acordar. Isso mostra que ele já consegue esperar que o venham buscar para brincar e comer ou até passear. E consegue fazê-lo porque, aos poucos, o cérebro começa a crescer. Por outro lado, consegue fazê-lo porque a experiência provou que, sempre que ele chama por você, os seus pedidos são atendidos. Então, ele sabe que deve esperar porque haverá uma resposta. Na verdade, são as experiências que moldam o cérebro. Seja do bebê ou de um adulto de 89 anos – sim, o cérebro cresce até os 23 anos, mas depois disso continua processando informação e trabalhando.

> **O CÉREBRO: ESSE MARAVILHOSO MUNDO**
>
> A zona onde reside o "juízo" é chamada de córtex pré-frontal [e fica ali na região da testa – é ali que apontamos quando perguntamos ao mais novo de 15 meses "Onde está o juízo?"]. O córtex pré-frontal é o *big boss* daquela região porque tem a função executiva e é ele que nos dá a capacidade para distinguirmos o certo do errado, o melhor e o pior. É uma área tão sofisticada que nos permite encontrar ideias interessantes quando fazemos *brainstormings*, quando interagimos socialmente, e é ele que nos ajuda a sermos coerentes quando alinhamos os nossos propósitos com os nossos valores.
>
> Um dos pontos interessantes em relação ao córtex pré-frontal é que ele cresce e se desenvolve melhor e mais harmoniosamente quanto melhores forem as relações que esse ser humano tem com os outros à sua volta. Ou seja, essa área floresce tendo por base a qualidade dos vínculos afetivos que vão se formando, em especial nas relações parentais. Há, inclusive, estudos que provam que crianças abandonadas ou maltratadas têm esta área menos desenvolvida do que aquelas que vivem em contextos familiares equilibrados. As boas notícias é que se sabe hoje que, quando são acolhidas por pessoas de bem, esta área do cérebro das crianças se desenvolve.

Por esse motivo, a leitura deste capítulo é determinante, porque não é apenas aquilo que acontece na vida dos nossos filhos que é importante: a forma como eles interpretam esses acontecimentos e a forma como nós (pais, educadores, tios, amigos) vivemos e colocamos em palavras essas vivências vão ter um eco importantíssimo na forma como eles também as vivem.

2.2 O cérebro e a personalidade do seu filho

Então, a expressão que se aplica é *work in progress* no que diz respeito à evolução do cérebro.

Mas há mais para saber. E o que mais?

É que embora o cérebro possa parecer ser "apenas" uma massa muito densa e cinzenta, a verdade é que ele é muito mais do que isso. Em termos de construção, e de uma forma simples, ele está dividido em quatro grandes regiões: o lado direito e o lado esquerdo do cérebro. E também existe o "andar de cima" e o "andar de baixo".

> **CARACTERÍSTICAS DOS HEMISFÉRIOS**
>
> **Direito:** Imaginativo. Lida com imagens e símbolos. Pensa no abstrato. Visão holística/global das situações. Sente.
>
> **Esquerdo:** Racional e lógico. Noção de tempo. Ordem e padronizações. Orientado e focado nos detalhes.

Vamos por partes:

As partes laterais do cérebro têm o nome de hemisférios: o hemisfério direito e o hemisfério esquerdo. Vamos agora imaginar que cada um desses hemisférios é a margem de um rio.

A margem direita é mais desordenada. É a margem que lida com o caos, com tudo o que é não verbal, mas mais holístico.

A margem esquerda é a ordem. É a margem que lida com tudo o que é lógica, organização e, portanto, é bem mais rígida e menos flexível.

Dizem que a vida é feita de opostos – e isso bem que se aplica ao cérebro, porque a parte que governa o lado esquerdo do nosso corpo é o hemisfério direito. É curioso por isso notar que a maior parte das pessoas que estão ligadas a atividades mais artísticas ou aquelas que têm uma forma de estar um pouco "fora da caixa" escrevem com a mão esquerda. Não serão todas, mas é natural que isso ocorra, uma vez que o hemisfério direito está mais desenvolvido e, por isso, têm uma melhor coordenação motora do lado esquerdo do corpo. Preste bem atenção da próxima vez que estiver com alguém que escreve com a mão esquerda – será que se trata de uma pessoa mais imaginativa, mais sensível, que consegue "olhar para o todo" e integrar diferentes perspectivas da vida e das situações? Por outro lado, dizem que é neste hemisfério que reside a forma como sentimos a intimidade, e ela se desenvolve tendo por base um crescimento emocional saudável no momento em que somos crianças e interagimos com quem nos educa e toma conta de nós.

Finalmente, sabe quando diz do seu pequeno que "Parece que ele entende tudo"? Quem entende tudo é o lado direito do cérebro dele, porque ele olha para a forma como estão comunicando como um todo e em especial para a linguagem não verbal. Interessante, não é?

Já o hemisfério esquerdo governa o lado direito do corpo e a maioria de nós tem este lado mais desenvolvido. A prova é que desde cedo nos ensinam a pegar nos lápis de cor, nos talheres e em todo o resto com a mão direita. A vida está construída para facilitar esta grande maioria. Nas escolas, trabalhamos o pensamento lógico e matemático e estudamos matérias separadas, relacionando-as poucas vezes. Por isso, é fundamental trabalharmos bem os dois hemisférios, porque, num mundo em que temos os *sites* de busca na ponta dos dedos, será rei não aquele que acessa mais rapidamente à informação, mas sim aquele que a consegue e sabe estabelecer relações.

E por que é importante sabermos como funcionam os hemisférios cerebrais dos nossos filhos?

> **CURIOSIDADE**
>
> Já reparou que muitos artistas escrevem com a mão esquerda? Essa é a prova de que o seu lado direito está mais desenvolvido do que o lado esquerdo. Via de regra, cada um de nós tem um lado mais desenvolvido do que o outro.

É importante para percebermos melhor a sua arquitetura mental. Nós nascemos com características próprias e esta é uma delas. É comum haver mães que são muito organizadas, muito metódicas, e que precisam de ordem (na casa e na vida) para estarem calmas. Claramente estão a atuar com o lado esquerdo do cérebro. E é muito natural que estas mães tenham dificuldade em conviver com filhos que têm o lado direito mais desenvolvido. Crianças que conseguem ter logo uma noção clara do todo, que não conseguem compreender o interesse de realizarem tarefas de acordo com regras e etapas. Contudo, agora que conhecemos os comandos, podemos e devemos falar para o lado do cérebro que nos interessa, integrando as duas linguagens, uma vez que na criatividade também há espaço para a ordem e para as regras.

    E é no meio dos dois hemisférios que se encontra a virtude. Para que essa virtude e flexibilidade aconteçam, é importante que consigamos ajudar os nossos filhos a usar cada um dos lados. O que acontece quando as duas áreas estão alinhadas? Acontece o entendimento de processos dolorosos, por exemplo, como a mudança da escola de um ano para o outro.

    Em outras palavras, é quando "falamos" para o lado direito do cérebro, aquele que sente e que lida com tudo o que é não verbal, e lhe explicamos, com frases adaptadas, o que acontece, e que assumimos a tristeza e todos os outros sentimentos, que estamos ativando o lado esquerdo, que lhe vai trazer a ordem e a compreensão que são necessárias naquele momento e que estavam desordenadas no lado direito.

Caso:

A Júlia, mãe da Teresa, é uma mulher focada em objetivos e extremamente organizada. Gosta das coisas nos seus devidos lugares e admite que é pouco flexível. O nascimento e os primeiros anos de vida da sua filha foram difíceis, porque o que havia em casa era tudo menos ordem, que ela tanto apreciava. Um dia, em um curso, ouve falar nos hemisférios do cérebro e decide começar a pintar e a fazer alguns trabalhos manuais, para ativar o lado direito do cérebro, que estava mais adormecido. O resultado foi uma maior flexibilidade mental que se traduziu, de forma muito positiva, na sua vida familiar.

Agora que sabemos que o cérebro tem dois hemisférios, vamos olhar para os dois pisos que também existem: o *andar de cima* e o *andar de baixo*.

Caso: a curiosidade pela morte

Idade da criança: **4 anos**

A minha filha mais velha começou recentemente a falar na morte. Pergunta como morrem as pessoas, para onde vão e onde estamos antes de existirmos. Temos respondido de forma que ela entenda, mas me preocupa o interesse pelo tema. Ela é tão pequena...

Quase ninguém gosta de falar sobre esse assunto, mas é um tema recorrente nesta idade. É aos 4 anos que a consciência da criança desperta e, como tal, ela ganha uma nova noção do mundo em que vive, das relações e dela própria. E é com esta tomada de consciência que surgem novos medos. Na verdade, é sobretudo aos 4 e aos 6 anos que o tema da morte aparece com mais frequência e, por isso, esta é uma excelente oportunidade para começarmos a conversar, de forma adaptada à idade, sobre a vida e os seus acontecimentos.

Felizmente, ou não, nesta idade a criança ainda não tem a noção do caráter definitivo da morte e por isso coloca muitas questões: "Para onde vão as pessoas quando morrem?", "Mas a gente vê o espírito saindo do corpo?", "Mas se é como quando a gente adormece, pode-se dar um beijo e ela acorda...", "E você, também vai morrer, e eu também?"; "E quando se morre, dói?". Responda a todas as questões de forma tranquila e da melhor forma que souber. Falar da morte é um assunto doloroso e que amedronta até os adultos… Mas não é por fugir a essas questões que estará salvando a sua filha de uma possível dor. É natural que você queira protegê-la, e justamente por isso é importante falar sobre esse assunto quando ela perguntar. Em um acontecimento como este, a criança terá de lidar com emoções que desconhece. Ao já terem falado sobre isso, ela terá a lembrança desse registro e não ficará tão desorientada.

No que diz respeito ao cérebro, o que se pretende é que a desordem, a fantasia e também o desconhecido (direito) sejam colocados por palavras e então passa a haver alguma ordem (esquerdo) e, portanto, algum controle dos eventos, sendo que, então, eles poderão não ser tão avassaladores por já não serem tão desconhecidos.

Gosto da ideia de partilharmos a história de pessoas que foram importantes nas nossas vidas e que já faleceram. De uma forma positiva, podemos contar as memórias que temos dos momentos bons que passamos com os nossos avós, por exemplo. Mostrar fotografias, contar coisas engraçadas e falar das suas características mais extraordinárias. Isso mostrará à criança que depois da morte a vida continua e que podemos continuar a celebrá-la e a recordar, de forma viva, a memória de alguém que nos foi muito querido. Ao fazê-lo, estamos retirando um pouquinho de dor da tristeza que esse acontecimento pode trazer.

É no andar de baixo que se localiza a sede das emoções e onde está a amígdala. O andar de baixo é também chamado de cérebro primitivo, por ser ele que comanda as funções mais básicas, como a respiração e a reação por impulso (atribuída pela referida amígdala). Na verdade, quando nascemos, essa é a área do cérebro que está mais desenvolvida — não admira, portanto, que os bebês respondam da forma tão instintiva — porque, de alguma forma, essa é a única resposta que existe na cabecinha deles.

O andar de cima é muito mais sofisticado. Lembro-me de que no filme *Uma linda mulher*, a Julia Roberts dizia que a cobertura de um edifício é sempre o andar mais luxuoso. E é mesmo! É lá em cima que estão todas as funções que nos fazem diferentes dos outros animais. É lá em cima que está o córtex cerebral, nomeadamente o córtex pré-frontal (que está na região da testa) e que nos dá o juízo, o pensamento analítico e a racionalização das emoções.

Quer ver como tudo acontece dentro das nossas cabeças? Então, pense em uma cafeteira italiana. Quando a água ferve, o vapor sobe, passa pelo café, e essa mistura é filtrada e só nesse momento é que temos a bebida. O cérebro funciona mais ou menos da mesma forma. É no andar de baixo que estão as emoções e, quando ativadas, são filtradas pelo córtex (a chamada gestão emocional). Só depois é que temos a reação às mesmas. Só que o córtex é uma área que vai crescendo e que, como disse no início, só lá pelos 23 anos é que está madura.

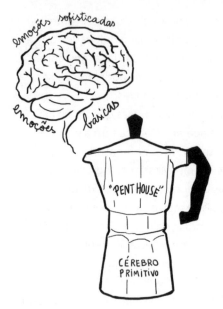

É muito importante que você esteja consciente do fato de o cérebro ser uma área em contínuo crescimento. Por isso, quando pedimos aos nossos filhos que tomem as melhores decisões, que sejam capazes de analisarem determinadas circunstâncias, a verdade é que muitas vezes eles não podem, simplesmente, porque há áreas do seu cérebro que ainda não estão maduras. Não consegue fazer uma omelete sem ovos, consegue? Eles também não.

É claro que você não vai ficar à espera dos 23 anos (mais ou menos) para conhecer os resultados. Sabemos hoje que o que molda o cérebro são as experiências, sendo por isso fundamental que os nossos filhos tenham experiências construtivas para poderem criar as melhores conexões em termos cerebrais. Entender esta "arrumação" do cérebro pode ser muito interessante, mas ainda não lhe dá soluções concretas para ajudar o seu filho a administrar as suas emoções. É isso que vamos explorar a seguir.

2.3 As birras do andar de baixo

Agora que sabemos que o cérebro tem dois pisos, a melhor forma que temos para ajudar as crianças a tomarem as melhores decisões é criando uma ligação entre as duas áreas. Por quê? Porque o andar de cima vai atribuir razão às emoções que vêm do andar de baixo, permitindo que se acalme o impulso e aí, sim, somos capazes de tomar as melhores decisões. Por outro lado, no andar de baixo do cérebro, vivem as amígdalas (não as da garganta, mas as do cérebro e que têm a forma de uma amêndoa). São elas que produzem as emoções mais primitivas, como o medo ou a raiva. Diz-se que são "primitivas", justamente porque é por causa delas que tantas vezes agimos sem pensar. No entanto, é graças a elas que nos salvamos tantas outras vezes, quando respondemos de forma instintiva a acontecimentos que não podíamos prever.

> **ANDAR DE BAIXO**
>
> Cérebro primitivo. Sede das emoções.
> Localização das amígdalas – conteúdos emocionais das nossas memórias e respostas automáticas.
>
> **ANDAR DE CIMA**
>
> Localização do juízo e de todos os componentes do cérebro racional.
> Funciona como o filtro das emoções.

Quando uma birra do andar de baixo acontece, isso significa que existe ali muita energia e isso faz com que "percamos a cabeça". Afinal de contas, há uma razão para essas expressões populares.

As birras do andar de baixo são aquelas birras em que a criança fica fora dela. Em que lhe "dá os 5 minutos". Em que entra em modo *"looping"*. Pode ver quais são? Então não vale a pena gastar o seu latim. Por quê? Porque a criança não tem a capacidade de nos escutar. Como ter a certeza? O seu filho pode ficar vermelho, transpirar e até começar a chorar de forma abundante. Se fez *check* a um ou todos os itens desta lista, não tenha dúvidas: está mesmo perante uma birra do andar de baixo. "Mas ele ficou assim porque não conseguiu encaixar a peça de um bloquinho de construção." E eu digo que é normal, e que nós, os adultos, ficamos bem piores por coisas tão pequenas quanto essas. A verdade é que esse detalhe originou uma enorme frustração e ele fica descontrolado e não consegue parar de chorar. Ignorar até passar seria o mesmo que deixá-lo a chorar quando ele se magoa fisicamente.

Então, o que fazer?

Antes de mais nada, procure acalmá-lo. Pegue-o no colo (se ainda conseguir) e leve-o para outro local. A maior parte das vezes isso é mesmo o suficiente para a criança se acalmar. A seguir, abrace-a, mesmo que isso seja a última coisa que você tenha vontade de fazer. Ao controlar este espetáculo, os batimentos cardíacos desaceleram e a criança começa a se acalmar. Depois peça, em um tom calmo, firme e ritmado, qualquer coisa como "Olhe para mim, respire fundo. Olhe para mim, João, ande. Respire fundo, já vai passar". Relembro que essas palavras deverão ser ditas num tom calmo, firme e generoso. É a generosidade e o carinho que você coloca nas suas palavras que vão ajudar o seu filho a serenar. Quando a criança estiver calma, e se fizer sentido, é importante que fale sobre o que aconteceu. Digo "se fizer sentido" porque, quando elas são muito pequenas, com 18 meses por exemplo, e nesse tipo de birras, a conversa de pouco ou nada servirá.

Talvez não seja o momento para indicar qual é o comportamento adequado e o que deverá acontecer da próxima vez. Procure falar primeiro do que você viu, mostrando que estava atento, antes de corrigir. Vai marcar pontos e vai aumentar o vínculo entre vocês. E se quer que ele a escute, então, está no caminho certo. Deixe a correção para o momento seguinte.

"Eu vi que você estava brincando com bloquinhos de construção e de repente ouvi você chorar! Chorar muito e com vontade. Não sei bem o que aconteceu, mas ainda bem que já passou."

"Eu sei que você estava brincando ao lado do seu irmão e que queria brincar com o carro dele. E por isso você foi lá e arrancou o carrinho da mão dele. E ele veio e tirou de você o brinquedo que é dele e você ficou aborrecido e começou a chorar. Foi isso, não foi? Eu sei que você gosta de brincar com o seu irmão e com as coisas dele. E por isso, da próxima vez, o que você pode fazer?"

"Posso pedir-lhe que me empreste o carrinho vermelho."

"Olhe, isso é uma boa ideia. Gostaria de experimentar isso agora?"

Quando desejamos corrigir comportamentos, devemos nos lembrar de olhar para eles e não para a criança. O que eu quero dizer com isso? Que não é a criança que é

FRASES QUE NÃO AJUDAM

- "Você é sempre o mesmo."
- "Não muda nunca."
- "Parece disco riscado, só repete."
- "Eu falo, falo e repito e você nunca ouve."

Frases como essas bloqueiam qualquer oportunidade ou fé da criança em mudar e empreender comportamentos mais adequados. Um pai, ao utilizar essas frases, está dizendo ao filho que não acredita na sua mudança.

má. O que está inadequado é o seu comportamento e é ele que deve ser corrigido. Daí que, quando o nosso foco é o comportamento, a criança vai percebendo que é ela que tem o seu controle e, portanto, vai compreendendo que é parte ativa no processo.

Caso: o meu filho sempre foi muito teimoso
Idade da criança: **5 anos**
O meu filho desde sempre mostrou ter uma personalidade muito forte e desde bem pequeno mostrou pensar pela sua cabeça. No início achávamos isto tudo muito bom, mas a verdade é que há momentos em que não dá para ser assim. Já lhe dissemos que não pode ser teimoso nem respondão e que não aceitamos más educações aqui em casa, mas ele continua.

Para um filho pequeno, os pais e alguns adultos mais influentes têm sempre razão. O que quero dizer é que o que dizemos estará, em princípio, certo e será, aos olhos de uma criança, em princípio, verdade. Por outras palavras, se continuamente dizemos a uma criança que ela é teimosa, respondona e mal-educada, então, é muito possível que ela acredite que é mesmo assim e que possivelmente nada poderá fazer para mudar. Por outro lado, pedir não chega. É fundamental que lhe diga de que forma pode fazê-lo. O ideal é que, quando encontrar oportunidades para sublinhar as características que gosta nela, lhe diga: "Fiquei mesmo feliz por você ter mudado de ideia e ter vindo comigo ao supermercado. Gosto muito da sua companhia"; é muito mais interessante de se ouvir do que "Você foi tão teimoso agora há pouco e viu como foi bom ter vindo comigo ao supermercado?" Não menciona a teimosia dele e, ao mesmo tempo, diz-lhe que gosta da companhia dele. Dá para ser melhor?

Quando rotulamos os nossos filhos, eles passam a acreditar que são mesmo assim: tímidos, teimosos, palhaços, malcomportados ou doces, atentos, curiosos...

Aposte em sublinhar, de forma muito específica, os comportamentos de que você gosta. Veja mais no Capítulo 4 deste livro.

Ao questionar a criança, ao fazê-la falar, ao colocá-la em ação, você a está ajudando na aprendizagem dos comportamentos que serão mais positivos e benéficos. É quando participamos no momento de aprendizagem que consolidamos as aprendizagens. Tudo isso para dizer que você deve ter com ele um diálogo em vez de um monólogo.

O que acontece quando o seu filho tem uma birra do "andar de baixo" é que o cérebro primitivo entra em ebulição e, porque o "andar de cima" ainda não está crescido, a gestão de todas as emoções que estão ali não é coisa simples nem fácil para ele. Se é verdade que desejamos que ele saiba administrar as frustrações, fazer as melhores escolhas e acalmar-se sozinho, também é verdade que isso não vai acontecer com frequência num cérebro de 4 anos (nem a nós, que já temos o cérebro todo formado). Portanto, é bom que tenhamos isso em conta e que possamos também lidar com as expectativas que criamos e com as frustrações que nasceram delas.

Caso: as birras são constantes

Idade da criança: **17 meses**

Tento ao máximo adaptar as linhas da Parentalidade Positiva, mas por vezes é difícil. As birras estão se tornando uma constante e nas últimas semanas tenho andado em "guerra aberta" com o meu filho. As birras acontecem sobretudo quando ele chega da creche. Inicialmente, quando chegava da creche, dormia 30 minutos, mas agora ele acorda irritadíssimo e dar-lhe o jantar e depois o banho são uma batalha. Eu sei que eles fazem birras, mas o que posso fazer para minimizá-las?

O final do dia pode acabar conosco! Eles estão cansados, nós só queremos ou resolver o jantar ou descansar no sofá, e parece que há dias e até semanas em que isso tudo parece impossível! E depois vamos para a cama com o coração apertado porque não era nada disso que queríamos.

O que pode fazer para minimizar essas situações? Pode ser mais empática! Se para nós não é fácil, imagine como será para eles, quando estão cheios de sono, mas também com uma enorme vontade de brincar, participar e aprender? Só pode dar confusão. Então, sossegue e lembre-se de que, antes de tudo, esta é uma fase e que, com o passar dos meses, eles começam a ficar mais robustos e a aguentarem mais tempo entre a última sesta da tarde e a hora de irem dormir.

A minha sugestão é esta: ainda que seja importante estarmos todos juntos, participando nas rotinas familiares, esse tipo de "birras" é sinônimo de cansaço. É muito mais interessante para todos que desacelere quando chegar em casa e que se foque em pôr o seu filho para dormir. Dê-lhe o jantar (tenha a sopa pronta, um iogurte ou um purê de fruta) e deixe o seu jantar para depois. Vá falando com ele, mostrando um livrinho com cores, animais ou texturas e dê-lhe, nesse momento, a devida atenção e mimo. Vai ver que as birras diminuem de intensidade. Eu sei que a televisão distrai, mas, se quer mesmo estar com ele, vá conversando, brincando e até cantando, enquanto faz o que tem que fazer. Depois, leve-o para o banho, passe um creme (o importante é mesmo o toque, que acalma e aumenta o vínculo), ouçam uma música juntos, bem sossegados, e depois, cama.

Vocês terão tido o seu momento juntos, você sentirá que não negligenciou absolutamente nada e terá tempo para você e para jantar sossegada e descansar depois, como deseja.

Há um provérbio português que diz que "deitar cedo e cedo erguer dá saúde e faz crescer". Quer uma criança centrada, feliz e em equilíbrio? Dê-lhe horas de sono de qualidade porque "dormir é meio sustento (alimentação)". Daí, você vai me dizer que ela acorda cedo, no dia seguinte? Faz parte! Mas talvez seja mais fácil administrar a sua própria birra matinal do que a birra do seu filho no final do dia.

Como saber que é uma birra do "andar de baixo"?

Caso: as birras começaram
Idade da criança: **19 meses**
O meu filho, agora com 19 meses, começou a fazer birras por qualquer coisa. Até aqui, era uma criança super bem-disposta, atenta e carinhosa, sempre sorridente. De repente, começa a "falar", descobre o mundo e começa a bater o pé e a espernear. Por vezes, é difícil não levantar a voz, não usar o tom errado, é difícil conectar-me com ele. Já entendi que o ideal é distraí-lo com alguma coisa. A minha pergunta é: como conseguir que ele me ouça quando ele está esperneando no chão do banheiro porque

tirei a fralda dele para ir para o banho. Sinto que de repente perdi a conexão com ele e já não o controlo.

Os ingleses têm um nome para esta fase. Chamam isso de os *"terrible two"* e há inclusive muita literatura sobre ela. De uma forma resumida e clara, o que acontece é que, após começar a andar e também começar a verbalizar ou a fazer-se entender (por gestos), a criança está um pouco mais independente e acredita que pode cuidar da sua vida. Ela acredita que pode tudo e o que não pode, pede. Mas a verdade é que, nesta fase, ela ainda é muito impulsiva e não sabe administrar a frustração de não conseguir algo que deseja, como manter a fralda e continuar fazendo o que estava fazendo, não indo para o banho. Isso é muito intenso e, porque ela não consegue nem sabe lidar com isso, grita, chora e esperneia. Essa é a forma que ela tem, e a única que ainda conhece, para lidar com o turbilhão de emoções que estão naquele andar de baixo (lembra-se da cafeteira com a água em ebulição? É justamente aí que o seu filho está).

O que você pode fazer? Primeiro, respire fundo e lembre-se de que os *terrible two* vão até os 3 anos, por isso, é importante que saiba que isso vai acontecer mais vezes.

Quando você o ajuda a se acalmar, está dando a ele uma ferramenta muito poderosa, chamada autorregulação. Aos poucos, o seu filho vai aprender a acalmar-se sozinho. De resto, relaxe: mais cedo ou mais tarde, todos as crianças passam por essa fase, que faz parte do crescimento saudável (ainda que difícil para os pais) de uma criança.

2.4 Conecte os dois pisos do cérebro do seu filho!

Se você leu este capítulo do livro desde o início, sabe que o que funciona é ligar as diferentes áreas do cérebro umas às outras. Afinal, isso até é simples. Assim, neste momento, o que tem de fazer é ligar os dois pisos do cérebro do seu filho. Como? Falando com ele – com o cérebro!

Quando a minha filha, com quase 6 anos, bate o pé na casa da amiga porque não quer vir embora, eu tenho duas opções:

- Chegar perto dela e dizer-lhe (e também para que os outros vejam que eu até sei me impor) para parar de se comportar mal e que "se você não vier imediatamente, quando chegarmos lá fora vamos conversar".
- Chegar perto dela e dizer-lhe, em um tom meigo e atento "Você deve ter se divertido muito hoje à tarde, não foi? Pela sua cara, queria mesmo ficar mais tempo aqui, não é? Olhe, tive uma ideia. E se eu falasse com a mãe da Cláudia e combinássemos um encontro em nossa casa daqui a poucos dias? Parece uma boa ideia?"

Na primeira situação, o que fiz foi ativar o cérebro primitivo – aquele que vai se defender ou atacar (o tal que está no andar de baixo), e o mais provável é que tenha de trazê-la à força ou sob ameaça de um possível castigo, sem cooperação nenhuma.

Na segunda situação, eu falei para o andar de cima do cérebro, onde está o córtex pré-frontal, espelhando aquilo que a minha filha estava me mostrando (que tinha gostado muito e que não queria ir embora) e disse-lhe o que ela queria ouvir: a possibilidade de continuar brincando com a amiga, criando-lhe uma nova oportunidade para que isso acontecesse.

É evidente que nem sempre é possível encontrar alternativas e é evidente que há momentos em que não temos outra hipótese, a não ser dizer que não. Mas a verdade é que temos ao nosso dispor muito mais oportunidades para ensinarmos competências de negociação e gestão de conflitos do que oportunidades para apresentarmos não "redondos".

Eu gosto de dizer "sim" e criar oportunidades para que o "sim" aconteça. Podendo parecer um paradoxo, a verdade é

> **LEMBRE-SE DE QUE...**
>
> Sempre que vir que a situação pode sair do controle, é mais interessante ativar o córtex pré--frontal do que o piso das birras.

que a criança, sentindo que os pais não dizem "não" só porque sim, aceitarão o "não" mais facilmente, exatamente porque sabem que aquele "não" não foi dito só porque sim! Educar uma criança é humanizá-la. Como disse no Capítulo 1, as crianças precisam de regras e limites claros, mas precisam, sobretudo, da nossa ajuda para administrarem as emoções por meio da forma empática e serena com que lidamos com esses comportamentos mais difíceis. Quando fazemos isso dessa forma, estamos dizendo ao cérebro para se autorregular. Finalmente, a forma como nós, pais, nos administramos e nos autorregulamos é talvez o maior exemplo para os nossos filhos. As nossas ações e comportamentos, quando estamos prestes a explodir, são oportunidades para ensinar.

2.5 Cinco passos para ajudar o seu filho a aumentar a Inteligência Emocional e a administrar as suas emoções

- Ajude o seu filho a acalmar-se e a respirar fundo. Eu gosto especialmente de os ensinar a respirar fundo, fora das situações de estresse. Uma forma engraçada é colocando um barquinho de papel em cima da barriga e pedindo para o fazer subir e descer. Assim, quando o momento de ebulição tiver chegado, peça-lhe que respire fundo, como quando tem o barquinho de papel na barriga.
- Depois de calma, e caso a criança esteja serena, é um bom momento para falar sobre a situação. Caso sinta que não é o momento, deixe para depois. É quando estamos sossegados que temos maior disponibilidade para escutar o outro e estamos mais disponíveis para realizar aprendizagens. Não vai querer perder uma oportunidade destas, vai?
- Quando falar com a criança, diga-lhe o que viu. E converse com ela acerca do comportamento que ela poderia ter tido e como, de uma próxima vez, vai conseguir tê-lo. Faça perguntas, pense com ela, ativando o seu cérebro e colocando-a em ação. E, no final, peça para ela repetir tudo.
- Quando estiver numa situação idêntica, em vez de lhe repetir "eu já avisei" ou "já conversamos sobre o assunto", sugiro que a ajude a fazer as coisas acontecerem. Com a sua ajuda extra, a criança entende exatamente o comportamento que tem que ter e, ao executá-lo como deve ser, fica entendendo o que é esperado. E, porque ela executa exatamente o que deseja, então, envia uma imagem positiva a si mesma, aumentando o valor da sua imagem e da sua autoestima.
- Finalmente, procure reconhecer os sentimentos do seu filho. Como tenho dito, não são os sentimentos que são inadequados, mas sim os comportamentos. O seu filho tem o direito de se sentir frustrado, tem o direito de estar zangado com você porque você não o deixa ir de sandálias em dias chuvosos para a escola. Não é porque você reconhece os sentimentos dele ("você está mesmo chateado comigo porque eu não o deixo ir de sandálias,

né?") que vai ter de deixá-lo ir de sandálias, não é? Mas é exatamente porque está reconhecendo e falando daquilo que ele sente, que o seu filho se sentirá mais compreendido e, quando sentimos que nos compreendem, temos maior capacidade de avançar e mudar de assunto. Com as crianças é exatamente a mesma coisa.

2.6 As birras do andar de cima

Agora que sabemos que o cérebro primitivo, ou seja, o que é mais *selvagem*, mais *impulso*, está no "andar de baixo", vamos olhar para o "andar de cima". É no andar de cima que encontramos a razão e os botões para administrarmos as emoções que nos são bombardeadas pelo piso inferior.

Quando as birras têm a sua origem no andar de cima, há apenas um e só um comportamento a ter: "não se negocia com terroristas". As birras do andar de cima são as chamadas birras de manipulação, feitas para ver se "colam". E a prova é que a criança se acalma assim que tem o que deseja. Nesse sentido, a ideia é não negociar com ela, explicando os motivos que nos levam a tomar aquela decisão.

Devemos reconhecer os sentimentos dos nossos filhos e, depois de o fazermos, a ideia é distrairmos a criança, mudar de assunto, passar para outra coisa. Não precisamos fazer isso de uma forma agressiva, pelo contrário. É aqui que entra a brincadeira e o prazer como estratégia para lidarmos com essas situações mais críticas e menos simpáticas.

Uma parte dos leitores deste livro foi educada com base no "porque sim", "porque sou seu pai", "porque, enquanto você viver debaixo do meu teto, vai fazer como disse" e jurou que não iria repetir aquelas palavras quando fosse pai. E não repetimos. Mas caímos no outro extremo que é explicar, justificar e repetir vezes sem conta as mesmas coisas. Mas, a bem da verdade, isso pouco ajuda a criança porque, com tanta explicação, ela sente a pouca segurança do pai quando ele lhe pede o que pede. "Pouca segurança?" Explico: muitas vezes o nosso papel é insistir numa coisa que o nosso filho não quer fazer. Por vezes sabemos que ele não quer, que não gosta, mas não há outra hipótese. Ou até há, mas nós decidimos assim. Seja como for, o fato de lhe explicarmos mil vezes tira a firmeza do nosso pedido. Quando estamos muito seguros do que desejamos, somos mais firmes, muito mais convincentes porque sabemos que "o que tem que ser tem muita força" e por isso hesitamos menos. Portanto, da próxima vez que perceber que está se justificando mais do que acha que deve, comece a brincar. Vai ver que ganham os dois muito mais.

As birras do andar de cima podem tomar grandes proporções e desencadearem uma birra do andar de baixo. Quando isso acontecer, use aquilo que já leu acerca do andar de baixo. Finalmente, e para todas as outras formas de administrar uma birra do andar de cima, peço-lhe que dê um pulo no Capítulo 5 deste livro. É aí que lhe explico como se colocam limites claros aos nossos filhos, ou, antes, como é que eles se responsabilizam por não ultrapassarem esses limites. Sem que tenha de ameaçar, manipular ou humilhar. No entanto, e para que possa fazer isso com firmeza e da forma mais efetiva, não saia do seu lugar e continue a ler, sem pular páginas.

O QUE VOCÊ APRENDEU NESTE CAPÍTULO

- O cérebro só fica formado por volta dos 23 anos.
- O cérebro é constituído por dois hemisférios: o direito e o esquerdo.
- O cérebro tem dois andares: o de cima e o de baixo.
- Uma criança, quando nasce, tem reações por impulso.
- Para acabar com a birra de uma criança, o primeiro passo é reconhecer ou descrever o que está acontecendo ("Você está triste porque queria continuar brincando com o seu amigo").
- Quando descrevemos o que está acontecendo, não significa que vamos ceder ao pedido ou que estamos de acordo ("Agora vamos ter de ir embora da festa").
- As emoções, os pensamentos e os sentimentos não têm moralidade. O que nos define são as nossas ações e comportamentos.
- Brincar é uma das melhores estratégias para acabar com a tensão de uma birra.
- Brincar é uma das melhores estratégias para aumentar o vínculo entre pais e filhos.
- Não tem de ser médico para compreender como funciona o cérebro do seu filho.

3
CRIAR FILHOS RESILIENTES, POSITIVOS, FELIZES E COM UMA BOA AUTOESTIMA

Num mundo em constante mutação e aceleração, pode tornar-se angustiante educar uma criança. Saber que não conseguimos, nem tampouco podemos controlar tudo na vida dos nossos filhos, torna a tarefa educativa um desafio ainda maior. Por isso, é determinante que as crianças saibam fazer boas escolhas. E boas escolhas são não só um processo de sorte, mas também o reflexo de um pensamento saudável sobre si e sobre o mundo. E por quê? Porque as escolhas são processos emocionais. Uma autoestima saudável abrange uma série de competências que vão desde a autoconfiança até a capacidade de autorregulação. Na verdade, uma autoestima saudável é muito mais do que a capacidade de gostar de si próprio. Trabalhar a autoestima dos nossos filhos vai além do simples "Isso mesmo, eu acredito em você, meu amor!" Quer saber como? Vire a página!

O QUE VOCÊ TEM DE SABER ANTES DE LER ESTE CAPÍTULO

É importante que saiba que a palavra "resiliência" está na moda e tem origem na Física. Resiliência significa que os materiais resilientes podem ser sujeitos a um estresse considerável sem se romperem. Quando esse estresse passa, voltam ao seu estado normal.

Pense num elástico.. Você pode esticar um elástico, que ele vai esticando. Quando o solta (deixando de lhe colocar tensão), ele volta ao estado anterior, possivelmente um pouco mais largo, mas com as mesmas capacidades que anteriormente.

Uma pessoa resiliente é aquela que, num momento de estresse, consegue lidar com a situação e, quando ela passa, volta ao que sempre foi. Provavelmente, com aprendizagens feitas (tal como o elástico, embora ele não deva fazer grandes aprendizagens!) e, portanto, um pouco diferente mas, na essência, idêntica.

Neste capítulo, além de olharmos para a questão da resiliência na criança e da forma como podemos trabalhar a sua autoestima, vamos dar nomes às emoções, compreender por que é perverso elogiarmos os nossos filhos e compreender que a moda das tabelinhas dos comportamentos está, afinal, ultrapassada.

Vamos lá!

3.1 A Inteligência Emocional

Depois de, no Capítulo 2, ter compreendido como é formado o cérebro do seu filho e como é que ele prega tantas peças (o cérebro, não o filho), depois de conhecermos as melhores estratégias para lidar com as "dores de crescimento do seu mais que tudo", vamos dar mais um passo importante e compreender como a Inteligência Emocional nos pode ajudar.

Há alguns anos, acreditava-se que alguém inteligente era alguém com um quociente de inteligência elevado. E era. Só que os tempos evoluem e percebemos que hoje, mais do que saber e deter conhecimento, o importante é saber relacionar essas informações e tomar as melhores decisões, fazendo as melhores interpretações. É isto que torna tudo muito mais interessante. E isso é ser emocionalmente inteligente.

Uma criança emocionalmente inteligente é aquela que sabe, justamente, fazer isso: tomar as melhores decisões. E porque ninguém nasce ensinado, esta competência depende muito do tipo de experiências que vai ter durante a sua infância. Quanto mais positivas forem essas experiências, mais forte e emocionalmente segura será a criança. E quando me refiro a positivas, não me refiro a "um mar de rosas". O importante é que a criança consiga integrar e compreender o que lhe acontece. Numa primeira fase, é importante que lhe digamos como essa integração é feita – para isso, veja o Capítulo 2 deste livro, no qual se fala sobre o cérebro da criança e a sua evolução.

Quando pretendemos educar uma criança com base na Inteligência Emocional, teremos mais sucesso se iniciarmos a nossa própria educação emocional – o que nos leva à primeira regra da educação e da Parentalidade Positiva: pais felizes = filhos felizes (veja o Capítulo 1 deste livro). Acredito que todos nós desejamos tratar os nossos filhos com paciência, justiça e respeito, mas a verdade é que há um longo caminho a ser percorrido entre o "quero" e o "sei" – e neste caminho há muita gestão emocional a ser feita. Não é apenas aos pequenos que vamos pedir gestão emocional – nós estamos na linha de frente. Na verdade, "a vida familiar é a nossa primeira escola para a aprendizagem emocional", diz Daniel Goleman, autor do livro A inteligência emocional. A todo o momento estamos ensinando atitudes e comportamentos. Afinal de contas, "comportamento gera comportamento".

António Damásio, autor do livro O erro de Descartes, diz que afinal a frase "Penso, logo existo" não deve ser bem assim. Com efeito, todas as nossas escolhas são, numa primeira fase, emocionais e têm a ver com ganhos e com perdas. E esses ganhos e perdas são sempre subjetivos, dependendo do valor e da interpretação que a pessoa que escolhe lhes dá.

DEFINIR INTELIGÊNCIA EMOCIONAL
É a arte de tomar as melhores decisões. E para tomar as melhores decisões, tenho de ser capaz de identificar o que sinto e o que desejo. Quando consigo identificar tudo isso nos outros, estou usando uma competência fundamental e a qual se dá o nome de empatia, ou seja, a capacidade de me colocar no lugar do outro.

Nesse sentido, é fundamental que a criança possa, numa primeira fase, aumentar a sua Inteligência Emocional. E como ela chega lá? Conversando e, com a ajuda do adulto, aprendendo a chamar pelos nomes aquilo que ela sente e aquilo que vê que os outros também sentem. E este trabalho tem de ser acompanhado, uma vez que somos nós que vamos ajudar a explicar essas emoções todas.

Mais à frente, você encontra as emoções básicas e a forma como elas se mostram em comportamentos.

Por que é importante conhecer o nome das emoções?

Porque no momento em que lhes damos um nome estamos fazendo uso da nossa razão e saindo, pouco a pouco, do mundo das emoções, para depois as administrarmos.

Os cinco pontos fundamentais da Inteligência Emocional

1. Conhecer-se

Conheça-se a si próprio – parece um clichê e, ainda assim, termos consciência do que sentimos é o primeiro passo e a base de tudo. Na verdade, algumas vezes não somos capazes de dizer se estamos frustrados ou zangados, porque, justamente, não sabemos o que estamos sentindo – vivemos na superfície emocional.

2. Autorregulação emocional

Imagine a seguinte situação: o seu filho está naquela fase em que choraminga muito. Aquele choramingar que enerva, desorienta e não deixa pensar o mais bem-intencionado dos pais.

Você sabe que é uma fase, que ele está cansado, com fome, e até está ligeiramente constipado. Mas você já está cansado e irritado, não consegue impedir o grito e sente uma grande vontade de agarrá-lo pelos ombros e dizer "Pare com isso!", mas sabe que, se o fizer, só vai piorar a situação. Além do mais, os nervos são seus e, por isso, vai ter de administrá-los. Por outro lado, quando toma consciência de que só vai piorar a situação e então decide acalmar-se, está fazendo aquilo a que se chama "autorregulação". E quando controla os seus impulsos, está sendo emocionalmente inteligente. É bonito, não é? Questão: Mas então não tenho o direito de perder a calma? Claro que tem! Mas lembre-se de que, se tem mais de 23 anos (veja o porquê dos 23 anos no Capítulo 2 deste seu livro), o seu cérebro já está completamente formado e, portanto, espera-se de você um maior controle emocional – pelo menos maior do que o do seu filho. Por outro lado, e como já disse acima, quando decide perder o controle, só vai piorar a situação. Mais: depois vai ter de se acalmar ainda mais, porque os dois vão estar piores.

3. Empatia

Os ingleses dizem que a empatia é a nossa capacidade em nos colocarmos "nos sapatos" dos outros, porque a forma dos sapatos é única, depois de serem usados. Neste caso, os "outros" são os nossos filhos. Esta capacidade é fundamental no relacionamento parental porque nos ajuda a encontrar respostas adequadas para aquele filho em particular, uma vez que cada filho é único. Sabe quando dizem: "Eu tenho dois filhos e eduquei-os da mesma forma e olhe... um me saiu doutor e outro me saiu drogado. O que é que eu fiz de errado?" A resposta é a seguinte: você os educou da mesma forma, quando eles são diferentes e têm necessidades diferentes. Educar de forma idêntica põe em causa a identidade única de cada um deles. Tratar de forma igual pessoas diferentes pode até ser visto como uma forma de discriminação. Ao ser empático com os seus filhos, você vai assegurar que responde a cada um deles da forma que necessitam. Por outro lado, a empatia é um comportamento que se modela e por isso é ensinado e transmitido de forma não verbal.

4. Clareza
Ser e ter um discurso claro não é tão... claro quanto isso! Quando nos expressamos de forma objetiva, significa que fizemos uma boa leitura do que sentimos e definimos exatamente o que pretendemos: conseguimos distinguir se estamos angustiados, zangados, com medo, entusiasmados ou felizes. Se tivermos de interagir com os outros, sermos empáticos ajuda!

5. Pensar positivo
Como verá no Capítulo 4 deste livro, esta história do pensar positivo é um pouco mais complexa do que inicialmente parece. O monge budista francês Mathieu Riccard, autor de vários livros, entre os quais *Happiness*, diz que não podemos recusar o poder do otimismo e da esperança. É quando temos fé no futuro que projetamos as nossas ações nesse sentido e começamos a caminhada, dando o melhor de nós.

> *"Oh! Pare com isso – não foi nada! Deixe de coisas e pare de chorar que isso passa!"*

Quando o seu filho tem dificuldades com matemática, o mais provável é que se sente com ele para estudar e fazer mais exercícios.

O mesmo pode acontecer quando ele está numa situação mais tensa em termos emocionais. Fingir que nada aconteceu ou que não teve importância é negar-lhe a possibilidade de aprender a lidar e a administrar as emoções que mexem com ele.

Aceitar as emoções negativas como uma coisa natural da vida é uma excelente oportunidade para se estreitarem laços, falar sobre nós e aumentar o vínculo parental.

A seguir (na página 70), você encontrará um quadro com imagens de crianças expressando essas mesmas emoções. Use estas imagens e, quando o seu filho estiver mais aborrecido, peça-lhe para identificar a imagem que mostra o que ele sente. Faça o mesmo para quando ele estiver feliz. E porque este exercício não é apenas para a criança, identifique o seu estado emocional e o dos diferentes membros da família. É impressionante como muitos de nós temos um vocabulário pequeno em relação àquilo que sentimos. De uma forma engraçada e leve, você está ajudando que ele construa o vocabulário emocional. Finalmente, quando estiverem na rua, identifiquem os estados emocionais das outras pessoas e criem histórias para o que poderá ter acontecido. Você estará fazendo uso da empatia e trabalhando a questão da Inteligência Emocional de forma espontânea.

Costuma-se definir empatia como a capacidade de nos colocarmos no lugar do outro, sem necessitarmos que o outro nos diga o que sente. Daniel Goleman diz que uma pessoa bastante empática consegue compreender as questões e as preocupações que estão por trás dos sentimentos dos outros. "A chave", diz ele, "para conhecer o terreno emocional dos outros reside na familiaridade íntima com nós mesmos".

Quando ajudamos os nossos filhos a encontrarem palavras para explicarem o que sentem, não estamos criando crianças sentimentais (no sentido negativo da palavra) nem frágeis. Muito pelo contrário. Ao olharmos para elas e ao mostrar que estamos vendo o que está acontecendo, elas se sentem compreendidas. Não é por fingirmos que nada aconteceu ou que aconteceu com pouca intensidade, que elas vão deixar de sentir medo, raiva ou tristeza. Vão, sim, saber que esses sentimentos nada têm de errado – porque não têm moralidade – e saberão, aos poucos e com a nossa ajuda, começar a se autorregular.

Se é fácil? Claro que não! Se vale a pena? Não tenho a menor dúvida! Não é fácil, porque a nossa tendência natural é justamente querer salvar a criança, dizendo-lhe que "isso não faz mal, deixa para lá, não tem importância nenhuma" ou arranjando uma justificativa ou alternativas para a situação. Quer ver?

"*Deixa pra lá, eu sei que o Scott rasgou o seu desenho, mas agora vamos fazer outro ainda mais bonito e não vamos deixar o malandro do cachorro entrar.*"

A sua intenção é boa. No entanto, o mais provável é que a criança não fique satisfeita com a sua solução. Ela queria aquele desenho e aquele papel. Então fale *daquele* desenho e *daquele* papel e não do outro. Sem medo, porque ela não vai ficar mais triste. Vai, sim, sentir-se mais compreendida e com valor. E é nesse momento que você poderá continuar:

> *"Você está triste/zangado(a), (veja como é que a criança está) porque o Scott rasgou o seu desenho, não está? Eu diria que você está mesmo furioso(a) com ele!"*

Quando reconhecemos os sentimentos das crianças, estamos realmente ajudando. Reconhecer não é o mesmo que estar de acordo ou permitir que algo aconteça. Reconhecer é apenas dizer o que você está vendo. Neste caso específico, está vendo uma criança triste pelo fato de o seu desenho ter sido destruído. Diga-lhe exatamente o que está vendo.

Esse é um novo olhar sobre os sentimentos e sobre as relações. Quando somos emocionalmente inteligentes, não ficamos na superfície – não vemos apenas a ponta do *iceberg*. Olhamos de frente para as emoções.

O meu trabalho com os pais, nestes últimos anos, tem mostrado que muitos de nós temos uma enorme dificuldade em falar, de forma correta e apropriada, dos sentimentos. Por um lado, dizemos aos nossos filhos ou aos nossos companheiros coisas como:

> *"Não dê valor a isso, isso não tem importância nenhuma."*

Quando, na verdade, para aquela pessoa, e naquele momento, aquilo tem muita importância. Não só não faz sentido valorizar frases como essa, como também não faz sentido nenhum camuflarmos os nossos próprios sentimentos como pais. Estamos com frequência zangados, frustrados, com raiva, nervosos, ansiosos. Então, que possamos dizê-lo às crianças, sem agredir (mais sobre como comunicar no Capítulo 4 deste livro):

> *"Estou furiosa! É sempre tão difícil sair de casa na hora e eu precisando que vocês me ajudem e não consigo... Estou zangada! Zangada, caramba!"*

Na frase acima não há uma única acusação – há apenas a expressão dos sentimentos e o elencar dos fatos. E é justamente quando nos expressamos dessa forma que aqueles a quem dirigimos a nossa frase se sentem tidos na situação e mais capazes de ajudar. Sabe por quê? Porque não vão estar concentrados em se defenderem, nem em arranjarem justificativas. Experimente! Pode ser transformador na relação com os outros.

3.2 Dar nome ao que sentimos

Robert Plutchik tem uma abordagem muito interessante no que diz respeito às emoções. Ele identifica oito emoções primárias:
As emoções têm várias intensidades e podem ser combinadas de formas diferentes, como mostra a famosa flor de Plutchik.

Raiva
Medo
Tristeza
Nojo
Surpresa
Curiosidade
Aceitação
Alegria

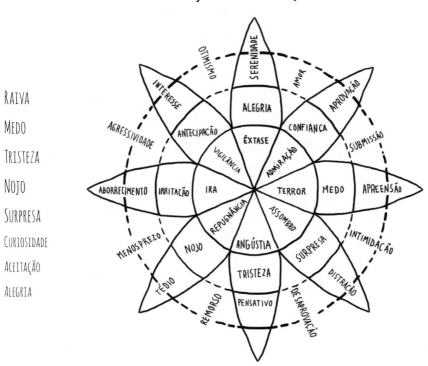

Assim, para compreendermos este esquema, é importante sabermos que, quando o nosso filho está feliz e sente confiança, sentirá amor. Quando escolhe defender-se, isso significa que pode estar ao mesmo tempo surpreendido e com medo. Em contrapartida, quando agride, há uma mistura de irritação e de antecipação.

Gaste algum tempo olhando para esta flor, lembrando-se do significado de cada emoção, e elabore ideias de como explicá-la ao seu filho.

Caso: mudança de escola
Idade da criança: **6 anos**

O meu filho mais velho vai entrar agora para o 1º ano. Até agora esteve numa escola com um ambiente muito familiar e onde até a comida era muito caseira. Este ano é o ano da grande mudança – ir para a escola grande –, e ele mostrou-se muito triste por deixar os amigos, a professora, as auxiliares e até a cozinheira da antiga escola. Ao mesmo tempo, parece que está em fase de negação, porque diz que vai voltar à sala dele e diz-me "ah, não, não vou para a escola nova". Não sei o que fazer: deixar de falar no assunto é uma boa ideia?

As mudanças são sempre difíceis e angustiantes, porque trazem com elas uma série de dúvidas e receios e também medos, por não sabermos o que virá de lá. Por outro lado, e no caso do seu filho, a experiência nessa primeira escola foi extraordinária e é natural que ele queira se manter por lá! Parabéns à equipe que trabalhou com ele por ter sabido criar vivências positivas na sua vida. Neste momento, o seu filho vai mudar de escola e, como fato consumado, não há nada a fazer. Então, siga os pontos abaixo, para que a transição se faça da melhor maneira:

- Procure ser empático com o seu filho e perceber a sua tristeza. Imagine que você trabalha num local com pessoas de quem gosta muito e que, por decisão da sua chefia, vai ter de mudar para um lugar desconhecido e onde não conhece ninguém. Imagine que, além disso tudo, as suas responsabilidades vão aumentar e que vai estar sendo avaliado por muitas pessoas, mas não faz ideia de como nem por quem. Sente a responsabilidade, o medo e o frio na barriga? É muito possível que o seu filho sinta tudo isso, mas, aos 6 anos, não tenha tido expe-

riências suficientes para saber que essas situações se administram e se ultrapassam. Dá medo, muito medo, e nenhuma vontade de mudar.
- Deixe-o despedir-se das pessoas da escola. Se puder, tire fotografias, imprima-as e guarde-as num álbum para que ele possa ir "matar" saudades sempre que precisar. Isso não lhe fará mal – em breve vai ultrapassar a fase dolorosa e vai lembrar-se das boas recordações.
- Sempre que puder, passe em frente à nova escola e diga-lhe que é ali que ele vai aprender a ler, a escrever e que, por isso mesmo, vai ter maior liberdade e autonomia – vai ser capaz de ler sozinho, de participar nas compras da semana no supermercado escrevendo a lista e já poderão ir ao cinema ver alguns filmes com legendas. A ideia é criar-lhe entusiasmo.
- Sempre que ele voltar ao assunto da escola antiga, deixe-o falar e diga-lhe coisas como "Você foi feliz ali, não foi? Lembra quando, aos 3 anos e meio, as professoras se lembraram de fazer um acampamento e a escola inteira dormiu em tendas e vocês passaram a noite fora de casa, pela primeira vez na vida? Uau, isso é que foi uma aventura, não foi?"
- Tire a tensão da situação e, sempre que os outros se referirem à mudança de escola e o seu filho estiver perto de si, talvez seja interessante não dar seguimento à conversa. Está se falando de algo muito íntimo na vida dele e que lhe causa tristeza neste momento. Mude de assunto por respeito aos sentimentos dele. Estou certa de que apreciaria que fizessem o mesmo por você.

É importante olharmos para a flor de Plutchik, para conhecermos os diferentes nomes das emoções. Menciono aqui esta flor para alargar o seu vocabulário emocional. Você não tem de decorar nada. Depois de aumentarmos a lista de palavras que se referem às emoções e de sabermos explicar algumas delas, vamos agora conhecer a versão que utilizo com os pais com quem trabalho: vamos nos concentrar nas cinco emoções básicas, que são:

Medo
Alegria
Raiva
Tristeza
Afeto

3.3 Explicar as emoções às crianças

Muitas vezes, não encontramos palavras ou exemplos eficazes para explicar as emoções aos nossos filhos. A seguir, deixo-lhe algumas ideias para que possa se inspirar. Se tiver mais ideias, não perca tempo, anote-as ao lado!

> **COMO AUMENTAR A INTELIGÊNCIA EMOCIONAL DAS CRIANÇAS**
>
> Usando as caras das crianças que aparecem na página 70, peça que a criança identifique os sentimentos refletidos.
>
> Depois, divirta-se tirando fotografias dela, pedindo que se mostre ora alegre, ora triste, percorrendo as cinco emoções básicas e as suas *nuances*. E se usar uma lousa para escrever o nome do que você lhe pediu?
>
> Quando estiverem na rua, peça ao seu filho para identificar como é que as pessoas se sentem. Estará também ajudando-o a desenvolver a empatia.

3.3.1 O medo

O medo é tido como uma emoção negativa, por retrair a pessoa que o sente. Também pode fazer com que ela aja de forma violenta. Quando estamos com medo, podemos mostrar-nos de acordo com estas *nuances*: desconfiados, envergonhados, embaraçados, culpados, ansiosos, prudentes, indecisos.

Como explicar a uma criança o que acontece quando sentimos medo?

Temos medo quando acontecem coisas que consideramos perigosas ou que não conhecemos. Há momentos em que nos sentimos como que paralisados – o medo não nos deixa pensar nem fazer certas coisas. Sentimos o nosso coração batendo muito depressa, por vezes não temos forças e outras vezes ficamos com as mãos a transpirar.

3.3.2 A alegria

A alegria é uma emoção positiva, contagiosa e visual, porque é, na maior parte das vezes, partilhada com os outros por meio de manifestações físicas e entusiasmantes. As pessoas alegres mostram-se mais otimistas, eufóricas, interessadas, confiantes e felizes.

Como explicar a uma criança o que acontece quando sentimos alegria?
É muito bom estarmos alegres e normalmente ficamos assim quando acontecem coisas de que gostamos. Ficamos com vontade de estar com os outros e também temos mais vontade de fazer coisas, tornamo-nos curiosos e até mais corajosos. E lá dentro, no nosso coração, estamos sossegados e felizes. Alegria é uma espécie de felicidade.

3.3.3 A raiva

A raiva é um mecanismo de defesa ou ataque. É uma emoção básica e ancestral. As formas como a raiva se manifesta são muito diversas, mas tornam a pessoa mais agressiva, arrogante, hostil, vingativa, revoltada, indignada, decepcionada e até frustrada ou desapontada.

Como explicar a uma criança o que acontece quando sentimos raiva?
A raiva dá muitas vezes vontade de cerrar os punhos. E de xingar ou de bater. Parece que vamos explodir. E como estamos concentrados nessa emoção tão forte, muitas vezes não sabemos nem conseguimos pensar de forma clara ou administrar o que vamos dizer. E muitas vezes dizemos coisas desagradáveis.

3.3.4 A tristeza

A tristeza é a ausência da alegria e está ligada a uma possível frustração ou perda.
    As pessoas tristes têm menos energia e sentem-se mais nostálgicas, cansadas, mais depressivas e até deprimidas.

Como explicar a uma criança o que acontece quando sentimos tristeza?
Quando estamos tristes, é difícil ver o lado bom das situações. Muitas vezes andamos de costas curvadas, olhando para o chão, e outras vezes também gostamos de ficar sozinhos. Quando estamos tristes, ajuda chorar.

3.3.5 O afeto

O afeto tem a ver com as relações que estabelecemos uns com os outros e com a qualidade dessa relação. Sempre que nos sentimos afetuosos, estamos mais disponíveis, somos mais empáticos, mais atentos e até curiosos e esperançosos.

Como explicar a uma criança o que acontece quando sentimos afeto?
Quando sentimos afeto por alguém, isso significa que gostamos de estar com essa pessoa. Mais do que isso, gostamos de dividir a nossa vida com ela e tratar dela, fazendo com que ela saiba como é importante para nós e que nos interessamos por ela.

> **SUGESTÃO**
>
> Da próxima vez que falarem em alegria, raiva ou outra emoção, descreva como é senti-la. E peça ao seu filho para o ajudar na descrição também!

Tornarmo-nos alguém emocionalmente inteligente leva o seu tempo e depende de um grande investimento pessoal. Mas, "a Inteligência Emocional liberta o nosso potencial. Em vez de decisões inconscientes, defensivas e de atitudes egocêntricas, a inteligência emocional oferece uma hipótese para um aperfeiçoamento pessoal, vínculo, esperança e força", diz Joshua Freedman, da organização emocional Six Seconds, que estuda esse tema. O primeiro passo para chegar lá? Autoconhecimento e Inteligência Emocional. Por isso, vamos investir em nós e nas crianças, começando por falar nas nossas emoções, uma vez que este é o primeiro grande passo. E a seguir, veja como pode chegar aos seus objetivos, nesta seção do livro, onde lhe falo da estrutura de uma sessão de *coaching*.

Caso: sonhos ruins

Idade da criança: **7 anos**

O meu filho acorda algumas vezes com medo. Diz-me que teve um sonho ruim e, volta e meia, diz que tem medo de me perder. Eu digo-lhe que não, que nunca me vai perder e que tem mais é que dormir, que aquilo foi um pesadelo. Procuro desvalorizar, mas estou cansada de o ver com medo e angustiado. Como é que isso passa?

É normal as crianças terem pesadelos. E é normal acordarem com medo. Você faz bem em dizer-lhe que foi um sonho ruim e que ainda bem que foi só no sonho e não na vida real. No entanto, não desvalorize o que ele lhe diz de mais importante, que é ter medo de perdê-la.

Eu tenho medo de perder as pessoas que mais amo. Fico angustiada só de pensar. E aposto que com você e com o seu filho é a mesma coisa. Então, ajude-o a dar nome ao que ele sente e diga-lhe:

"João, você deve estar mesmo assustado com o sonho que teve, não é? Eu também não quero perder você e só o fato de pensar dá medo, não dá? Venha aqui, meu amor, dê um abraço. Vamos acalmar um pouco. Se você quiser chorar um pouquinho, chore... a mamãe está aqui."

E deixe-se ficar com ele até ele ficar relaxado e sentir-se confiante para adormecer sozinho. E se da primeira vez ele precisar que a mãe fique ao lado dele até ele adormecer por completo, então fique. É possível que, ao fazer isso, os medos dele comecem a ficar menores, apenas porque os reconheceu.

MEDO	ALEGRIA	RAIVA	TRISTEZA	AFETO
Desconfiados, envergonhados, atrapalhados, culpados, ansiosos, prudentes, indecisos	Otimistas, eufóricos, interessados, confiantes e felizes	Agressivos, irados, arrogantes, hostis, vingativos, revoltados, indignados, decepcionados e até frustrados ou desapontados	Nostálgicos, cansados, menos vigorosos, mais depressivos e menos deprimidos	Disponíveis, mais empáticos, mais atentos e até curiosos e esperançosos

Tal Ben-Shahar é um autor com muitos livros publicados sobre felicidade e Psicologia Positiva. Ele contou-me que não há nada de errado com as emoções, elas não têm qualquer tipo de "moralidade". Por exemplo, posso desejar que aquela pessoa que pegou a minha vaga na porta da escola da minha filha, num dia de muita chuva, fique sem gasolina quando for dar a partida no carro. Posso desejar-lhe coisas piores ainda, mas isso não tem nenhum valor nem moralidade – está tudo nos meus pensamentos. Passa a ter valor negativo quando passo dos pensamentos aos atos e faço algo que prejudique.

Por isso, é importante nos lembrarmos disto quando estamos administrando e ajudando a administrar emoções. É fundamental que possamos desvalorizar o fato de estarmos detestando passar por uma fase em que não temos uma boa noite de sono porque o nosso filho ainda não sabe dormir uma noite inteira. É normal que possamos detestar aquele momento e sentirmos inclusive alguma raiva ou frustração. Isso não tem nada de mal – pelo contrá-

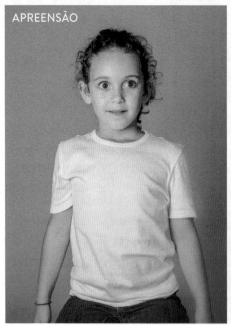

rio, é normal! E não põe em causa o amor que temos pelo nosso filho – é apenas humano. Não se sinta culpado por se perguntar "No que é que eu me meti...?" e, no minuto seguinte olhar para ele, vê-lo a dormir e achar que é o bebé mais bonito do mundo. Nada disso tem valor e aconteceu com Tal Ben Shahar e comigo também. E sim, o seu bebé é mesmo o mais bonito do mundo.

3.4 Autoestima e resiliência

Se, por um lado, a Inteligência Emocional é meio caminho andado para a criança tomar consciência de si e gerenciar as suas emoções, por outro, uma autoestima saudável ajuda-a também a tomar as melhores decisões na sua vida. No caso de decidir de forma inadequada ou errada, a vantagem é que, estando a sua autoestima em equilíbrio, ela saberá retirar as aprendizagens devidas.

Contudo, as competências ligadas à autoestima não são trabalhadas espontaneamente em lugar nenhum – as escolas não as desenvolvem e poucas adaptam os seus currículos. Em casa, os pais não sabem como elevar a autoestima das crianças. Mas mais do que isso: num mundo em constante mutação e aceleração, educar uma criança pode se tornar angustiante.

As boas escolhas são não são só um processo de sorte, mas também o reflexo de um pensamento saudável sobre si próprio e sobre o mundo. E por quê? Porque as escolhas são processos emocionais. Assim, a autoestima pode ser definida como sendo o valor que atribuímos a nós próprios e que está em consonância com os nossos valores. Tem também a ver com um sentimento de pertencimento a um grupo/família e de competência naquilo que se faz e no que se é. É, sem dúvida, um sentimento muito íntimo e, embora se desenvolva num ambiente externo, tem essencialmente uma dimensão interior.

Uma autoestima saudável abrange uma série de competências que vão da autoconfiança à capacidade em se autorregular. Na verdade, uma autoestima saudável é muito mais do que a capacidade de gostar de si próprio. Como disse uma das participantes num dos *workshops* sobre o tema, a autoestima é simplesmente a estima que temos por nós: o carinho, o respeito e a delicadeza com que nos tratamos são exemplos disso.

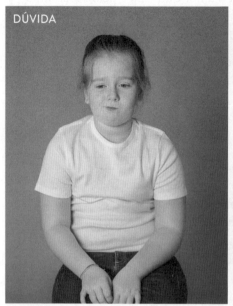
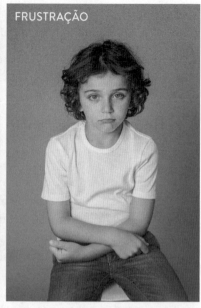
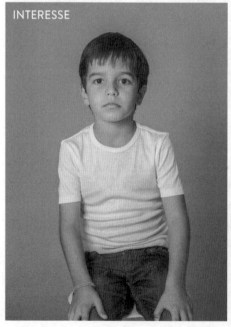

3.4.1 Como promover a autoestima no seu filho

O modelo que criei e que utilizo nos meus *workshops* e nas sessões de *coaching* e aconselhamento parental é o que pode ver a seguir. Abrange seis competências fundamentais:

Autoconfiança – tem a ver com a fé que a criança tem nela própria para resolver as situações do cotidiano. Nasce das experiências positivas que ela viveu e da noção que ela tem das suas próprias competências. Não depende do que os outros lhe possam dizer ("Acredite, você vai conseguir!", por exemplo), mas sim da interpretação que ela faz da forma como resolve e está nas situações.

Autodisciplina – é a capacidade que a criança tem de fazer as melhores escolhas e deixar para depois aquilo que na hora lhe dará mais prazer, mas que, a médio prazo, lhe trará mais benefícios. Nesta ideia de autodisciplina, faço referência ao teste do *marshmallow* (veja a caixa com a explicação do teste).

Resiliência – é a capacidade que a criança tem em voltar à sua natureza após um momento de tensão/estresse. Está ligado à autorregulação, que é a capacidade que temos de nos acalmarmos sozinhos e voltarmos à razão perante um acontecimento limite.

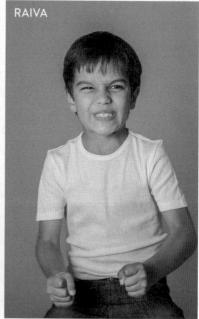

Capacidade em comunicar – dizer a nossa verdade, com todas as letras, identificando exatamente o que sentimos e o que desejamos.

"Você é uma boba" pode significar "Eu fico zangada com você porque queria ver mais um episódio do *Beep Beep* e você não deixa."

Ou então:

Criança: (choramingando): *"Mãe, não consigo abrir a porta."*

Mãe: *"E o que você quer?"*

Criança: *"Mãe, quero abrir a porta. Você pode me ajudar, por favor?"*

Com este "salto", estamos ajudando os nossos filhos a pensarem um passo mais à frente. Mais do que dizer "Mãe, não consigo abrir a porta", o importante é que a criança consiga identificar rápida e claramente o que deseja e do que precisa. **E é com questões que a ajudamos.** Este exercício, feito de forma contínua, molda a informação que o cérebro vai procurar. Não é uma mudança rápida – com treino e consistência é possível fazer essa alteração, que será muito útil para a criança, uma vez que ela aprende, aos poucos, a focar-se na solução e a não ficar presa no problema.

Respeito por si e pelos outros – não existe a tal "autoestima alta". Qualquer pessoa que precise insultar ou diminuir o outro é porque se sente insegura. Em contrapartida, alguém que está seguro do seu valor ajuda os outros, é empático e gentil, conhecendo os seus limites e respeitando os limites dos outros.

Autoimagem – é a imagem que a criança tem dela própria: feliz, competente, autônoma, capaz, ou exatamente o contrário.

O TESTE DO MARSHMALLOW

Nos finais dos anos 60, o psicólogo Walter Mischel decidiu testar um grupo de crianças de 4 anos com aquele que ficou conhecido como teste do *marshmallow*. As crianças eram levadas individualmente para uma sala onde estava uma goma à espera delas, daquelas gomas fofinhas, cor-de-rosa. E, então, o adulto dizia à criança: "Olha, eu vou ter de ir lá fora e, quando voltar, caso não tenha comido esta goma, dou outra a você. Assim, em vez de uma, fica com duas gomas". Uns anos mais tarde, o autor deste estudo foi ter com estas crianças e reparou que aqueles que tinham sabido esperar tinham tido resultados escolares mais interessantes e eram jovens adultos mais serenos e que tinham conseguido alcançar grande parte dos seus objetivos.

CRIANÇAS FELIZES

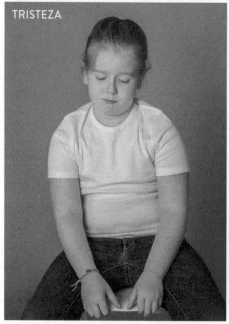

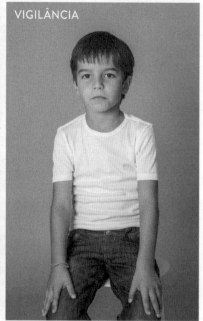

> O teste não vai amaldiçoar o futuro das crianças que comeram logo a goma, mas é curioso reparar na ligação que existe entre a autodisciplina e a capacidade de adiar uma recompensa e os resultados que os testados foram alcançando ao longo da vida.

Sabemos que uma criança tem uma autoestima equilibrada porque ela se mostra leve, com um rosto aberto, e tem uma forma de estar que mostra contentamento, exprimindo-se de forma clara e com uma atitude geral que mostra que está bem consigo mesma.

Assim, e como você provavelmente já adivinhou, trabalhar a autoestima nasce das experiências que a criança vive e das interpretações que ela faz do que lhe acontece. Contudo, e porque a criança confia naquilo que os adultos lhe dizem (supostamente porque sabemos mais do que ela e porque, aparentemente, temos mais poder do que ela), aquilo que ela ouve e nos vê fazer tem um enorme valor. Nesse sentido, a forma como vamos interpretar e comunicar o que lhe acontece pode tornar-se muito rapidamente a forma como ela própria interpreta a sua vida. Há um provérbio que diz que a *forma com que comunicamos com os nossos filhos se torna a sua voz interna* (leia também o Capítulo 4 deste livro, que se foca na forma como comunicamos com os nossos filhos). É, por isso, fundamental que eles se sintam felizes por serem quem são e por sentirem que são importantes na vida daqueles que tratam deles. E se isto é verdade, o contrário também o é. Sempre que uma criança considera que tem pouco valor, é muito possível que caminhe nesse sentido – em direção ao fracasso. Com efeito, o seu comportamento diz muito a propósito da sua autoestima. É interessante notar que uma das causas do mau comportamento é uma autoimagem negativa, assumindo assim o papel que lhe foi atribuído direta ou indiretamente. Com isso quero dizer que, apesar de não sermos totalmente responsáveis pelo nível da autoestima dos nossos filhos, temos um papel de grande importância.

Na verdade, uma criança que se sente aceita na sua natureza e na sua imperfeição, é uma criança que se sente mais capaz e mais disponível para se tornar melhor.

Caso: a mãe para tudo
Idade da criança: **4 anos**
O meu filho mais velho sempre foi muito apegado a mim. Para tudo é a mãe. A mãe dá banho, sopa, veste, calça, tudo. Desde pequeno que faz muitas birras, praticamente desde que nasceu.
No ano passado, com a chegada da irmã, as birras aumentaram, mas a situação está melhor. Com o final da minha licença maternidade, tenho de me levantar mais cedo para dar de mamar à mais nova e vestir o mais velho. O pai ajuda, mas o mais velho só quer a mim. No outro dia, fiquei dando de mamar à bebê e segurando no copo do mais velho. Eu fico nervosa, estressada. E o pai, para não se chatear com ele, briga comigo. Já lhe expliquei que tem de deixar o pai ajudar, que o meu patrão vai ficar zangado, mas ele não se importa. Eu acho que ele entende tudo, mas mantém-se na dele...

A maternidade pode ser um lugar de muitos estresses... a começar logo de manhã. Por outro lado, a chegada de um irmão é um momento maravilhoso, mas a verdade é que é difícil gerenciar todas as solicitações das crianças.

É natural que o seu filho não coopere consigo porque, simplesmente, ele não se sente ouvido. O que ele tem estado a lhe dizer este tempo todo? Que gosta da mãe, que quer a mãe e que precisa da mãe. Em bom português, anda "gastando o seu nome".

É possível que você esteja presente na vida do seu filho, ajudando naquilo que ele quer e precisa, mas talvez não esteja presente da forma como ele necessita. Repare: quando ele não deixa você fazer as suas tarefas normais e a quer sempre junto dele, isso significa que ele tem receio de não ser tido nem achado na relação e por isso não a larga. Por outras palavras, ele não se sente visto, valorizado nem importante.

Depois, e correndo o risco de isto parecer inicialmente um paradoxo, a verdade é esta: ele não tem de aprender a fazer as coisas sem ter a mãe perto dele. Essa não é a questão. Ele tem de se sentir suficientemente seguro em relação ao amor da mãe (que existe, mas ele não sente), para poder largar a mãe e ir levar a vida dele. E isso pode simplesmente dever-se ao fato de todo o mundo em casa andar mais nervoso e menos disponível.

Por outro lado, lembre-se de que o seu tempo é dedicado agora a duas crianças e, embora amor não se traduza por tempo, aquilo que ele sente é justamente isto: "a minha mãe agora já não tem tempo nem paciência para mim...". E por este motivo é natural surgirem comportamentos menos adequados. Neste momento, a minha sugestão vai no sentido de lhe "encher" o copo dos afetos, que está vazio, de uma forma muito consciente e direcionada. Como?

1. Dia do filho único
O dia do filho único é um momento em que nós estamos, de forma exclusiva, com os nossos filhos. Cada filho é diferente, e é justamente quando reconhecemos e aceitamos essas diferenças, que eles se sentem verdadeiramente amados. Por outro lado, quando isto acontece, notamos frequentemente como nós tínhamos esquecido desta ou daquela característica deste filho, o quanto está diferente ou como é bom conseguir ter uma conversa, do início ao fim, sem os outros irmãos interromperem. Este dia (ou meio dia) é bom para eles e é bom também para nós.

2. Diga-lhe que o ama com os olhos
Dizer que os amamos é fácil. Mostrar o quanto os amamos é mais difícil. Podemos mostrar esse amor quando escolhemos não gritar, quando escolhemos um olhar onde mostramos o quanto confiamos neles ou quando lhes afivelamos o cinto no carro sem ser em "piloto automático". Outras formas de dizermos que os amamos:

"Ainda bem que já é de manhã, que eu estava cheia de vontade de esmagar você num abraço!"
"Gosto muito de estar e de conversar com você."
"Você pode me ajudar? A sua opinião é importante."
"O que parece? Fazemos assim ou da outra forma?"
Sorria. Use uma voz doce sempre que possível.

3. Seja gentil
Se você deseja um lar onde todos falam de forma gentil, então, dê o exemplo. Na verdade, não podemos exigir dos outros se somos os primeiros a perder a paciência.

4. Esteja realmente presente
Com um bebê é mais difícil. Arranje tempo no banho, na leitura das histórias no final do dia, enquanto vai no carro com ele, e interesse-se pelo seu filho e pela vida dele. Fuja às perguntas clássicas do "O que você comeu hoje?" e pergunte-lhe quem marcou mais gols no recreio ou se ele hoje vai querer lhe ensinar algum jogo novo, daqueles que estava jogando com os vizinhos.

5. Diga a verdade
Sempre (não confunda verdade com fantasia – as histórias da fada dos dentes ou do Papai Noel não são mentiras com intenção – fazem parte do imaginário de uma criança e fazem bem, quando bem gerenciadas).

6. Mostre entusiasmo quando o vê
"Venha aqui, que eu hoje vou encher você de beijinhos!"

7. Escute, escute, escute
E para fazê-lo, pare de fazer todo o resto.

8. Interesse-se por ele e por aquilo que ele faz
Quando forem ao supermercado, passem na seção dos livros e pegue uma história que interesse a ele e deixe-o ir folheando esse livro. Se não o quer comprar, diga-lhe isso logo de início, que o livro, no final das compras, fica na prateleira. Faça um desvio no trajeto para casa e façam um piquenique juntos. O amor está nos detalhes e essas coisas são detalhes.

Para que a criança tenha uma autoestima equilibrada, é crucial que ela possa ter:

- Uma família que se interesse por ela e que tenha vontade de fazer coisas com ela.
- Educadores (familiares, professores) que a respeitem e que lhe ensinem o que é ser respeitado (nas liberdades e nas diferenças, por exemplo).
- Amigos queridos e que lhe proporcionem vivências importantes.
- Experiências positivas (que não têm necessariamente de ser boas, mas que sejam fonte de aprendizagem).

> ## AS PRIMEIRAS AMIZADES
>
> Um dos aspectos fundamentais para que uma criança tenha uma autoestima equilibrada prende-se com a qualidade das experiências que tem durante a infância e se estas são ou não positivas. Por positivas entende-se quando há aprendizagens realizadas.
>
> Para que isso aconteça, é importante que nesses primeiros anos possamos escolher as amizades dos nossos filhos, mais especificamente os amigos que convivem com eles fora dos momentos da escola.
>
> Se é ruim fazermos este controle? Claro que não. Quanto mais experiências positivas os nossos filhos tiverem, melhor será a sua autoestima, a noção de autoeficácia, a sua autoimagem. Estando com crianças boas, com pais que são pessoas com valores e decentes, as crianças aprendem e sentem que é bom ser bem tratado. Mas mais do que isso: sentem que há espaço para serem quem são e, por isso, quando estão num espaço onde podem ser autênticos, sentem-se seguros e com vontade de cooperar.
>
> Ora, o natural será procurarmos ser bem tratados nas outras relações que desenvolvemos e ficarmos de pé atrás quando não somos. Todos precisamos de quem nos trate bem, com respeito por aquilo que somos e que nos faça sentir bem. Por isso, é fundamental estarmos junto de quem nos trate assim. E mais ainda os nossos filhos.

Uma autoestima equilibrada é uma espécie de felicidade interior, e a felicidade é uma competência que pode ser ensinada pelos pais. Para ensinar felicidade ao seu filho, lembre-se destes pontos que se seguem e leve-os até ao seu dia:

1 - *Respeite a natureza do seu filho*
Quando aceitamos a natureza dos nossos filhos, mostramos que os aceitamos tal como eles são, e não há maior segurança do que essa, porque esse é talvez o verdadeiro amor – amar como se é. E é quando ele se sente amado desta forma que pode criar espaço para mudar e melhorar.

2 - *Crie memórias positivas e fale delas com frequência*
Um álbum de fotografias, reverem amigos e planejarem atividades. Uma frase sua, um grito de guerra, uma confidência dita num certo tom. São memórias que ficam enraizadas e nunca mais desaparecem.

3 – *Tenha contato*
A felicidade passa por brincarem juntos, por lutarem juntos, por fazerem carinhos e por colo. Não tenha nem receio do carinho, nem das lutas, nem do colo.

4 – *Ensine-o a não se levar tão a sério*
Dê o exemplo.

5 – *Seja grato*
A gratidão é a melhor forma para fazer com que a sua felicidade dispare.
   Tenham um caderno onde anotam, de forma regular e semanal, as coisas pelas quais estão gratos.

6 – *Ensine-o a fazer coisas sozinho*
Esta é das maiores heranças que os nossos filhos podem receber dos pais: a capacidade para fazerem coisas sozinhos e a noção de que tudo se aprende. Quanto mais nos sentimos capazes, mais aumentamos a nossa autoestima e mais felizes e satisfeitos nos sentimos. Aprender com os pais e depois tornarem-se autônomos é um momento de grande felicidade e que ficará registrado como uma memória muito feliz.

7 – *Desenvolva o respeito mútuo*
As crianças são pessoas em crescimento e merecedoras de todo o respeito, tal como nós. Por esse motivo, quando consideramos que o nosso limite está chegando, é importante que possamos dizê-lo às crianças – não precisamos gritar nem falar com mau tom, mas o tom da mensagem tem de combinar com o conteúdo. As crianças não nascem ensinadas e passam dos limites muitas vezes. Diga isso a eles! Saberem por onde vão dá-lhes segurança e passarão a estar mais atentas aos outros – o que causará menos conflitos e, logo, mais felicidade.

A GRATIDÃO NUMA EXPERIÊNCIA

Numa experiência feita há uns anos, ficou provado que as pessoas que agradecem regularmente são mais felizes. E o que é regularmente?
Regularmente é, neste caso, agradecer duas a três vezes por semana.

> **Como?**
> Colocando por escrito três a cinco coisas que aconteceram e pelas quais a pessoa está grata.
> Escrevendo?
> Sim! Pensar é importante, mas escrever é melhor – torna esta ação uma espécie de ritual e dá a ela a importância que merece.
> E por que não todos os dias?
> Porque rapidamente desmotivamos, ficou provado. Então, o ideal é encontrarmos o nosso ponto de equilíbrio. Sugere-se duas a três vezes por semana e, em cada dia, escrever entre três a cinco coisas positivas.
>
> Talvez já faça isto com o seu filho. "Todos os dias lhe pergunto uma coisa boa e uma coisa ruim do dia."
> Gratidão é apenas dar graças pelo bom – colocar a ênfase no que, no fim, acabou por ser positivo. O ruim fica de lado. E ao fazer esta atividade com as crianças, antes de apagarmos a luz, estamos dando-lhes fé – sem que seja algo religioso – para o dia que chega amanhã e para terminar o dia atual com um sabor doce.

8 – Famílias felizes vão para a cama depois de fazerem as pazes

Há momentos em que detestamos estar com as crianças porque tudo parece correr mal. Desejamos que a hora de ir para a cama chegue depressa para que venha o novo dia. Não sei se todos, mas a grande maioria dos pais já sentiu isso e, embora saibamos que os conflitos são excelentes oportunidades para aprendermos e ensinarmos valores e comportamentos, a verdade é que naquele momento talvez não seja tão fácil pensar assim. Mesmo assim, quando vamos colocá-los na cama, mesmo depois de uma grande briga, é importante que possamos garantir o beijo de boa-noite e a leitura do livro (se ainda existir). E por quê? Porque esta atenção sublinha que continuamos gostando dos nossos filhos. Não gostamos do comportamento que estavam tendo e, como sabemos, o comportamento é algo que se administra e se escolhe. Então, quando indiretamente lhes mostramos isso, estamos devolvendo à criança a esperança de que amanhã será um dia melhor e um dia novo, com a possibilidade de ser melhor. E ela só tem essa esperança quando os pais lhe mostram que conhecem a bondade que ela tem dentro dela.

9 – *Seja feliz primeiro*

Quando você escolhe ser feliz (sim, é uma escolha), ensina e "autoriza" o seu filho a ser feliz também.

E utilizo "autorizar", porque por vezes temos tendência a sabotar a nossa felicidade, daí a escolha deste termo.

Caso: lutas entre irmãos

Idade da criança: **5 e 7 anos**

Como podemos influenciar de forma positiva o relacionamento entre irmãos? Tenho dois meninos e eles estão sempre lutando e em pé de guerra. O meu marido diz que é normal, mas eu, sinceramente, não gosto nada disso.

Num mundo perfeito, os melhores amigos dos nossos filhos seriam os irmãos que têm. Mas como esse mundo não existe, as rivalidades e as guerras podem bem acontecer dentro de casa. O que o seu marido diz tem uma parte de verdade: é normal as crianças brigarem e andarem em guerra, sejam meninos ou meninas. Aliás, como certamente você já deve ter percebido, é comum eles não quererem a ajuda dos pais para resolverem a situação – a "guerra" é com eles e os pais só vão atrapalhar. Quantas vezes os irmãos são colocados de castigo porque se pegaram um com o outro e depois ficam trocando sinais e falando mal do pai ou da mãe nas costas deles? Há um minuto estavam lutando e agora já são aliados... Essa é talvez a natureza de uma boa irmandade. Seja como for, há a luta e a "luta". E quando a luta tem a ver com desentendimentos, então, a ajuda dos pais, no sentido de ajudar a colocar em palavras a frustração ou a confusão, é fundamental. Você não tem de tomar partido, limite-se apenas a ajudar a gerenciarem a situação.

Fora desses momentos quentes, e sempre que possível, invista em atividades de que os dois gostem, em momentos muito positivos em família. Quanto mais experiências e vivências positivas tiverem um com o outro, maior será o sentimento de solidariedade e de cooperação. Lembre-se também de fazer o dia do filho único. Finalmente, respeite a natureza de cada um. Esse é talvez o ponto-chave para que as crianças se respeitem mutuamente.

3.5 Os elogios são uma excelente estratégia para criar uma criança insegura

No início deste capítulo, vimos os seis aspectos fundamentais para que a criança possa ter uma autoestima saudável.

E, como disse naquele momento, essa autoestima depende das experiências positivas que são vividas e que, na sua grande maioria, são criadas pelos pais. E por experiências não estou me referindo apenas às saídas, às férias ou às atividades da criança. Estou me referindo ao dia a dia. **A base de uma autoestima saudável é, então, o grau de felicidade que a criança sente**. Como você sabe, uma criança que se sente amada é uma criança que acredita que o futuro é um lugar seguro e bom, mesmo que pelo meio possam acontecer coisas menos boas. Simultaneamente, esta é uma criança que se sabe amada pelos pais. Ela sabe que os pais se preocupam com a sua felicidade, sentindo-se respeitada na sua forma de ser e desafiada o suficiente para estar "acordada e viva". E esta última frase leva-me a dois pontos fundamentais para a construção de uma autoestima saudável e para a criação de uma personalidade resiliente e feliz.

Caso: o centro das atenções
Idade da criança: **5 anos**
O meu filho é o centro das atenções desde que nasceu. Filho único, primeiro neto e sobrinho dos dois lados. Foi paparicado por todos e agora, quando não é o centro das atenções, não reage nada bem. Como é que lido com uma criança destas?

O fato de ser filho único não justifica que ele seja o centro das atenções e por centro das atenções entendo que esteja se referindo ao fato de tudo (ou quase tudo) lhe ser permitido. Ora, a sua questão me faz pensar no seguinte: como é que se tira a chupeta que deu à criança sem que ela chore ou esperneie? Lembre-se de que não está falando de um ser sem sentimentos. Está falando do seu filho, de uma criança em crescimento e em construção e que precisa que a tratem com respeito e dignidade. Permitir tudo não é estruturante para ninguém. Antes de mais nada, deve saber exatamente o que deseja na educação do seu filho. Quer que ele seja uma pessoa emocionalmente estável, com caráter, que conheça o valor do esforço individual, que seja empático e disponível? Então, comece por ser tudo isso na sua própria vida e crie experiências que lhe permitam viver tudo isso.

3.5.1 O elogio e as expectativas que criamos em relação aos nossos filhos

Uma nota 10 em inglês ou em outra disciplina era motivo para ficarmos orgulhosos de nós, quando estávamos na escola. Ou até um 6,5 se éramos do clube dos alunos que tinham notas não tão boas. Entregar uma nota e ouvir "você não fez mais do que a sua obrigação" era, no entanto, altamente frustrante. E, talvez por isso, alguns pais hoje fazem justamente o contrário: elogiam em dobro, talvez com receio de que as crianças se sintam menos amadas ou inseguras, e, para reconhecerem o valor que têm, caem no extremo oposto que é dizer-lhes, vezes sem conta, que são os melhores, os mais bonitos. E são! Mas a verdade é que, quanto mais ouvirem elogios de forma repetida, mais rapidamente se tornam crianças inseguras e dependentes de elogios e *feedback* externos. A sua capacidade em analisar as situações, em escutar a sua voz interna e em pensar pelas suas próprias cabeças diminui visivelmente. Parece um contrassenso, mas não é!

> **A DIFERENÇA ENTRE FAZER AS COISAS PARA OS NOSSOS FILHOS E FAZER AS COISAS COM OS NOSSOS FILHOS**
>
> É fácil fazer coisas para as crianças. Aliás, é uma frase comum "eu faço tudo por eles e para eles!", dizemos nós. Levamos o mais novo à natação na segunda-feira e, enquanto ele fica na aula, vamos buscar o do meio na aula de piano a vinte minutos dali. Mas, na verdade, não estamos fazendo coisas com eles. Estamos fazendo coisas para eles. Com eles, requer mais paciência, mais vontade e mais empenho. Envolver as crianças nas tarefas domésticas, levá-los a conhecer a história da nossa cidade ou prepararem em conjunto uma surpresa para a irmã mais nova são exemplos de fazer as coisas com eles, tornando não só a relação parental mais interessante, como mais próxima.

A sua filha chega perto de você e diz "olha, mamãe, o desenho que eu fiz!", e você responde "ah que legal!" a um monte de rabiscos, de forma automática e quase sem olhar. A questão que lhe coloco é: por que disse uma coisa que não é verdade? (a menos que aprecie, de fato, um monte de rabiscos). Se não gosta, então não lhe diga que gosta.

Não tenha receio – não é porque está lhe dizendo uma coisa que aparentemente lhe soa "menos boa", que a autoestima dela vai ficar abalada. O que ela vai saber é que a mãe lhe diz a verdade e é autêntica.

Daí, a pergunta: "Afinal, o que devo dizer a ele/ela?"
Você pode perguntar-lhe o que é que ela estava tentando desenhar. Pode perguntar-lhe o que são os rabiscos. E se ela lhe disser que é a Branca de Neve (para um monte de rabiscos), brinque! Pegue na folha, vire-a, torne a virar e pergunte onde ela está, com a cara mais curiosa do mundo. Dê risada. E depois diga-lhe: "Vamos lá, desenhe a sua amiga, porque ela não está aqui".

AMOR INCONDICIONAL

As crianças nascem com um *chip* para nos amarem e a isto chama-se amor incondicional. Na verdade, mesmo quando são maltratadas, aquilo que uma criança mais deseja é ser amada pelos pais, possuindo a extraordinária capacidade de os perdoar de um momento para o outro. O mesmo nem sempre se aplica aos pais.

Por outro lado, quando insistimos no "muito bem, que legal", estamos, aos poucos, tirando o significado destas expressões. E no dia em que elas se aplicarem, de fato, então vai ser uma pena, porque o valor delas deixou de existir. A expressão "muito bem!" passa a ser uma espécie de muleta do discurso – e é possível que esse não seja o seu desejo.

Mas, então, não posso elogiar os meus filhos? Não posso mais dizer-lhes "muito bem"?
Antes de tudo, é importante que pensemos bem no que dizemos. Eu sei que existe uma moda que insiste no *feedback* positivo. Sei de outra moda que usa tabelas e dá prêmios no final (daqui a pouco falo disso). E depois sei da normalidade das relações.

Dizer-lhes "que bonito!", "como você se comportou bem!" "que princesinha", "muito bem!", "que bom!" não tem qualquer conteúdo. Usar frases como essas é igual a não dizer nada ou, numa situação limite, é mais perverso, porque traz resultados contrários ao esperado.

Se você é mãe ou pai, é normal que diga ao seu filho ou filha o quanto são bonitos. É normal que olhe para eles e, cheia(o) de orgulho, lhes diga que estão lindos... umas trinta vezes por dia.

O que você está ensinando a eles?

A serem vistos, apreciados e a dependerem da valorização externa. Carol Dweck, da Universidade de Columbia, nos Estados Unidos, dedica parte do seu trabalho a esse assunto e explica que sabe que "a intenção é a melhor, mas, no dia em que não lhes disser nada, é justo que os seus filhos se questionem se de fato estão bonitos". É também justo que eles comecem a pedir aos outros esse tipo de *feedback*, para se assegurarem do seu valor. E esta insegurança aumenta quanto mais "muito bem!" e quanto mais "bonitos" usarmos. Elogiar tem boas intenções, é verdade, além de ser fácil e rápido. Mas, aos poucos, faz com que as crianças fiquem dependentes do *feedback* externo. É como se, de repente, para qualquer tipo de decisão, necessitassem do aval e do olhar aprovador de outra pessoa.

É possível que, quando esteja a falar em "elogios", se refira ao incentivo. Encorajar uma criança não tem apenas a ver com dizer-lhe que fez algo bem ou mal ou que está orgulhosa dela. Tem muito mais a ver com ajudá-la a olhar para ela própria e a reconhecer o seu próprio potencial, sem necessitar da opinião ou do olhar dos outros.

É importante que pensemos no que dizemos. Não é porque ouvimos dizer que é importante dar *feedback* positivo e estrelinhas e sóis que o devemos fazer com tanta regularidade.

Pede-se que use com conta, peso e medida, ou seja, como quem usa sal: com equilíbrio. Nem demais para não estragar, nem de menos para não se sentir a falta.

Quando as crianças se portam bem, pode simplesmente dizer "olha, adorei o nosso jantar! Hoje até rimos muito e foi bom porque consegui apreciar o momento". Pode acrescentar "Tenho vontade de repetir em breve!".

Você não está dizendo "muito bem! Você se comportou bem!", mas reforçando a ideia de um comportamento que deseja ver repetido e que é apreciado. O "muito bem!" é vago, não diz nada! Por outro lado, você não está avaliando e sim descrevendo a situação e não há, então, juízo de valor.

Quando o seu filho lhe entrega um desenho bem feito, não tem de lhe dizer sempre "muito bem, filho, que bonito!". Pare e olhe para o desenho. Coloque-se no nível dele e diga-lhe "Uau, mas esta é mesmo a floresta e o castelo que vimos hoje de tarde?" Não lhe disse que estava bem desenhado, mas antes deteve-se, parou de fazer o que estava fazendo e olhou com atenção para o que o seu filho desenhou. E esse pequeno cerimonial, onde identifica o desenho que ele fez, tem muitíssimo mais valor do que um "muito bem!". Atenção apenas para não cair no erro de uma mãe com quem trabalhei que, ao olhar para o desenho que a filha lhe fizera, lhe diz "uau, mas somos nós duas aqui, filha? Estou muito feliz!", ao que a filha teve de responder: "Oh, mãe, mas você não vê que essa é a Margarida? Você tem cabelo curto!" É para parar e olhar. Mas é para olhar com atenção.

Como disse anteriormente, o elogio tem, por isso, um efeito muito perverso e funciona ao contrário do que se pretende. A minha sugestão é ousada: atreva-se a não elogiar os seus filhos ou, quando o fizer, procure que aquilo que vai dizer tenha conteúdo.

"Que bonito desenho – a expressão dos olhos está muito bem feita!"

3.5.2 As frases que marcam a diferença

A seguir, você encontra as frases que os pais com quem trabalho gostam mais de usar e que têm mais sucesso. São frases que se concentram na descrição da ação, em impulsionar a criança para continuar agindo e em focar-se nela e naquilo que ela fez e não numa possível avaliação dessa ação. Indiretamente, é uma forma de fazer *coaching* ao seu filho (mais à frente verá qual é a estrutura de uma sessão de *coaching*).

Frases positivas
- Somos um super time!
- Olhe bem para isto!
- Você deve estar orgulhoso de você mesmo.
- Ensine-me a fazer isso.
- Você nunca desiste.
- Vê-se mesmo que você trabalhou muito para ter conseguido isso.
- Que grande ajuda! Obrigada. Gosto tanto de estar com você!

- Você progrediu muito e conseguiu!
- Você é muito determinado

Questões que refletem interesse (que tem de ser genuíno)
- Como é que você aprendeu a fazer isso?
- Foi fácil?
- Eu vi você saltando do trampolim do meio na piscina. Qual foi a sensação?
- Como você se sentiu quando recebeu essa nota?
- Você deve estar aliviado!
- Você está mesmo zangado/feliz!
- Conte-me tudo!
- É normal ficar assim
- Uau...!
- Não me diga!... Quero saber mais sobre isso!

Quando pensam em desistir
- Sei que você vai tomar a melhor decisão.
- O que lhe parece?
- Você pode voltar a fazer isto logo mais.
- Qual é o seu plano?
- O que lhe falta ainda?
- Experimente! Assim você saberá!
- Quais são as opções que você tem?

Se é verdade que a autoestima é uma relação íntima, também é verdade que parte dela depende da forma como os adultos influentes mostram que amam e valorizam a criança. Costumo dizer que é fundamental que os nossos filhos se sintam "tidos e achados", ou seja, que sintam desde o primeiro dia que existem e que são tidos como membros importantes da família. E essa importância é mostrada todos os dias, nos mais diferentes momentos. Na verdade, não precisamos lhes dizer que gostamos deles – o mais importante é que eles possam sentir isso todos os dias:

- Quando contamos com eles nas tarefas domésticas – eles fazem parte da família e por isso contamos com eles. Não porque têm de cooperar, mas porque isso faz parte da dinâmica e da forma de estarmos uns com os outros. Por outro lado, ao contarmos com eles, mostramos que sabemos que eles são capazes de desempenhar essas tarefas tão importantes na vida familiar.

- Quando preparamos o prato favorito deles de surpresa ou pregando os botões do casaco tão estimado por ele, para que possa vesti-lo no dia seguinte, porque sabemos que vai gostar de tê-lo.
- Quando fazemos um desvio no trajeto para casa para irem espreitar o cachorrinho novo que nasceu há dois dias, em frente à antiga escola que ele frequentou.

O amor, e, portanto, o valor que damos uns aos outros, está nas pequenas coisas, e estas pequenas coisas não precisam ser ditas; antes sentidas e feitas com propósito.

Finalmente, e para que o ponto em relação aos elogios fique claro, é fundamental que possamos identificar as grandes diferenças entre um elogio e uma descrição ou reconhecimento, como também lhe chamo.

Aqui ficam algumas linhas que o ajudarão a orientar-se:

Elogio
O foco é colocado no resultado:
"Muito bem! Você ganhou o jogo!"

(É como se tivéssemos chegado no final, olhado para a tabela e descoberto quem ganhou. No entanto, no momento em que houve esforço e empenho, não estivemos presentes ou, já no final, não identificamos o resultado como um processo.)

Reconhecimento
O foco é colocado no esforço feito:
"Uau! Você não desistiu e acabou ganhando o jogo!" (Quando escolhemos usar o reconhecimento/descrição, estamos dando valor ao processo e ao esforço.)

Ao usar esta ferramenta – a do reconhecimento –, é natural que as frases não sejam tão espontâneas quanto desejamos e até nos poderão soar falsas. Anote mentalmente: é mesmo normal, e isso se deve ao fato de não estar habituado a fazê-lo. Para saber se está no bom caminho, Jane Nelsen, que é autora de vários livros de Disciplina Positiva, sugere quatro pontos orientadores. Pergunte-se se:

- Está promovendo a autoavaliação ou a dependência da avaliação dos outros.
- Está respeitando a criança ou sendo condescendente.
- Está vendo o ponto de vista da criança ou o seu.
- Faria esse comentário a um amigo.

Quando a criança se esforça, percebe que depende dela e não apenas de acontecimentos externos. Ela perceberá o seu valor e a importância do esforço individual para conquistar aquilo que ela considera importante. O reconhecimento cria crianças resilientes, fortes, responsáveis, e que se têm em boa conta e em boa estima.

As frases acima não têm uma única avaliação, apenas descrição. Tudo aquilo que eu digo é em relação à criança e não em relação a mim. Dizer "você deve estar muito orgulhoso" coloca o foco inteiramente na criança. Como certamente você percebeu, o impacto da frase é muito diferente. E esse *"twist"* na forma e no que dizemos aos nossos filhos tem resultados muito positivos. Parece que acontece por magia. Por quê?

Porque estou fazendo com que a criança entre no seu mundo e olhe para o esforço que colocou e o quanto ele valeu a pena. O que vai acontecer então? A criança vai perceber que, quando se esforça, quando dá o melhor que tem, então, é bem possível que atinja os seus objetivos, mesmo nos momentos em que se encontra só. Ela compreenderá que há uma série de competências que vai adquirindo que a tornarão cada vez mais autônoma e independente (e, portanto, segura) e capaz de fazer o que deseja. Finalmente, irá perceber como é bom investir e dedicar-se a uma causa (seja ela qual for) e, no final, colher a satisfação de ter feito aquilo por si mesma.

É assim que se educam crianças resilientes e com uma autoestima equilibrada.

3.5.3 A importância das expectativas que criamos em relação aos nossos filhos

Este ponto leva-nos a outro que está diretamente ligado ao desenvolvimento de uma personalidade resiliente e que tem a ver com as expectativas que temos em relação aos nossos filhos.

Na verdade, é impressionante o resultado que obtemos quando temos altas expectativas em relação a eles. Na maior parte das vezes, a resposta fica à altura e noutras tantas é excedida.

Quando a única coisa que esperamos é que os nossos filhos façam A, então, a forma como vamos nos comunicar com eles é totalmente diferente do que se achássemos que eles não seriam capazes de fazer A. Quando temos altas expectativas, vamos tratá-los como pessoas competentes, que precisam, volta e meia, de uma mão, mas que são, naquilo que lhes pedimos e esperamos deles, capazes. Não vamos tratá-los como pessoas diminuídas, incompetentes, ou dizer, como se ouve com frequência, "coitadinha", com um sorriso condescendente. Não vamos dizer "por palavras, atos ou omissões": "deixe que a mamãe/o papai faz, que você não sabe...".

Quando acreditamos que os nossos filhos têm competências e que podem se esforçar, estamos ajudando-os a florescer. A criança precisa sentir que é competente e que domina o seu mundo. Na verdade, as crianças precisam compreender que aquilo que elas fazem tem importância e que aquilo que elas decidem fazer também tem consequências.

Estas expectativas são apropriadas e adequadas à idade e ao desenvolvimento dessa criança. Refiro-me a coisas simples, como a capacidade que a criança tem, a partir de uma certa idade, de preparar o seu café da manhã, participar em algumas tarefas domésticas, planejar uma atividade, gerenciar o cofrinho quando chegar o momento ou ser capaz de se exprimir sozinha, dizendo se gostou ou não, e também a ser responsabilizada pelo fato de ter se esquecido da mochila em casa. No entanto, e na maior parte das vezes para nosso conforto, não a deixamos amarrar o sapato com calma nem verificar se a mochila está pronta. Vamos lá nós porque é mais rápido e eficiente e, aos poucos, estamos nivelando por baixo, o que é ruim porque cria uma cultura de pessoas medíocres, que não se esforçam, que se queixam e nada fazem para mudar. Pessoas que não conhecem a satisfação que existe quando nos esforçamos, quando damos o melhor que temos, quando vamos mais longe do que aquilo que pensávamos que seriamos capazes também. É bom termos altas expectativas em relação a nós! E em relação aos nossos filhos. E é absolutamente impressionante a resposta que eles nos dão quando elevamos o parâmetro.

O efeito *pygmalion* ou pigmaleão explica justamente esse fenômeno, que nada tem de subliminar, esotérico ou transcendental. O efeito *pygmalion* refere-se a um fenómeno em que, quando colocamos altas expectativas em relação às pessoas, elas respondem à altura ou acabam mesmo por exceder essas expectativas.

Rosenthal acreditava que talvez fosse interessante aplicar este fenómeno numa escola primária. Tanto pensou que decidiu fazê-lo com a ajuda do colega, Jacobson. Os dois pediram então para realizar um estudo sobre o potencial de cada criança. Era necessário que todas realizassem um teste que serviria para identificar aquelas que teriam mais possibilidades de florescer ao longo daquele ano letivo. Foram então identificados 20% de estudantes com essas características no início do ano letivo. Oito meses mais tarde, essas mesmas crianças tinham, de fato, feito mais aprendizagens do que as outras. O que aconteceu, afinal?

O que aconteceu foi que Rosenthal e Jacobson pregaram uma enorme peça em todos os participantes. A verdade é que os nomes das crianças foram sorteados. Todas elas fizeram o teste, mas os testes não foram avaliados. Contudo, os professores não tinham motivo nenhum para não acreditarem que aquelas crianças não tinham potencial. Afinal de contas, elas tinham sido avaliadas por duas pessoas que deviam saber o que estavam fazendo.

O que aconteceu para que, ao fim desses oito meses, essas crianças apresentassem melhor desempenho do que as outras?

- Antes de tudo, foi dito aos seus professores que elas tinham potencial.
- E porque tinham potencial, então, valia a pena apostar e darem-se ao trabalho. As restantes tinham menos ou nenhum potencial. De que valeria a pena o esforço?
- Quando a criança errava, eram criadas oportunidades para que ela encontrasse a resposta correta. Para as outras, essa oportunidade nem sempre surgia.
- Quando a criança errava, o professor perguntava-se, com maior frequência, se estava se fazendo compreender, e ele próprio também se esforçava mais.
- A criança sentia que não era um número – sentia-se considerada e bem tratada e, como tal, com valor. Ao tomar consciência do seu valor, aumentava o seu sentimento de pertencimento naquela relação, e, porque o sentimento era positivo, ela respondia de forma positiva também.

Resumindo, esses 5 pontos mostram que o interesse, o esforço e a dedicação do professor fazem a diferença. E fazem a diferença porque tinha sido dito ao professor que aquelas crianças tinham capacidades extraordinárias. O professor tinha, por isso, altas expectativas em relação à criança, e por essa razão só esperava uma coisa dela: bons resultados. Ao esperar apenas bons resultados, o professor acabou por criar todas as condições para que isso acontecesse. O professor não criou oportunidades para que elas pudessem ser niveladas por baixo nem tampouco criou espaço para que falhassem.

Quando colocamos os parâmetros mais altos, e quando o fazemos de uma forma respeitosa e em sintonia com a capacidade da criança, mostramos o valor que damos e o amor que temos por ela. Quando nivelamos por baixo, estamos bem próximos de criar a possibilidade de termos uma criança infeliz, porque não se sentirá desafiada nem conhecerá o prazer de se esforçar por algo.

No dia a dia, como você pode ajudar o seu filho a ir mais longe?

- Modelando, ao ver os pais fazendo igual, ao resolverem as questões, ao agirem de forma capaz, estão vivendo esses valores dentro da família e inspirando a criança.
- Ensinando, insistindo e nunca desistindo da criança. Aos 4 anos, uma criança pode perfeitamente aprender a amarrar os sapatos; são coisas muito simples, mas que a deixam "cheia de si".
- Administrando o ambiente e as atividades do seu filho para que isso reflita os valores que deseja ver adotados na sua família. Se são importantes o esporte e o respeito pela natureza, leve-o um pouco mais longe do que o habitual no seu passeio de bicicleta – este é o caminho: colocar os seus valores em prática, no dia a dia. Crie um ambiente que permita tudo isto e participe nele.

É, por isso, determinante que possamos sentir-nos seguros em relação aos pedidos que fazemos aos nossos filhos. Quando sentimos que temos de oferecer-lhes uma compensação, um prêmio em troca de algo, ou, pelo contrário, que temos de retirar uma coisa, então, já estamos nivelando por baixo, porque estamos dizendo a eles que sem um "suborno" não acreditamos que eles consigam chegar lá. E se nós não acreditamos, por que razão haveriam eles de acreditar?

Quando recorremos a tabelinhas ou a prêmios ou a ameaças, estamos estabelecendo um tipo de relacionamento que não tem por base o respeito e sim uma moeda de troca. E quando há uma moeda de troca, isso prova que olhamos para os nossos filhos como pessoas menos capazes. Não acreditamos que possam fazer aquilo que lhes estamos pedindo porque o pedido é justo e porque perceberam o interesse de fazê-lo (tão simplesmente para que a convivência em casa seja tranquila, por exemplo). Lembre-se de que não temos de basear a nossa reação parental em ameaças e subornos.

"Eu como a sopa toda, mas, então, no fim você tem de me dar um pedaço de chocolate."
"Você toma banho e lava o cabelo hoje e eu amanhã compro para você um pacote de figurinhas. Pronto, está bem: dois pacotes."

É justamente no momento em que a criança aceita a moeda de troca que ela prova que é capaz de o fazer. Não tenha a mínima dúvida disso. Contudo, por algum motivo, ela aprendeu (porque nós ensinamos) a fazer o que lhe pedem em troca de alguma coisa. E os pais, cansados ou com receio de que ela faça birra, vão oferecendo mais e mais, até que um dia percebem a grande bola de neve que foram criando.

3.6 A moda das tabelinhas e dos *smiles*

Uma das estratégias que os pais e os professores usam, no sentido de condicionarem, avaliarem e recompensarem (ou punirem) os comportamentos das crianças, são as tabelas de comportamento. Estas tabelas podem usar as estrelinhas, os *"smiles"* e, no final de cada linha, costumam ter uma recompensa. Se é verdade que, numa fase inicial, até podem funcionar, tendo o entusiasmo da criança, a verdade é que são raros os casos em que, havendo continuidade, elas tenham mantido o interesse e o impacto. Pelo contrário, a médio e a longo prazo, as tabelas deixam de ter qualquer efeito. Os adultos (pais ou professores) que usam estas tabelas podem ameaçar, dizer-lhe que vão colocar o adesivo com a cara vermelha, mas a criança começou a perder interesse em agradar ao adulto, em corresponder às expectativas e em ganhar prêmio no final (ou, eventualmente, no castigo).

E depois há a situação oposta: aquela em que a criança recebe sempre o adesivo vermelho e chega em casa, em pânico, porque não consegue mudar de cor, o que prova que, de alguma forma, o professor já desistiu de investir nela e, assim, toda a fé naquela criança foi jogada no lixo (é o efeito *pygmalion* ao contrário).

Entendo que haja professores e pais que utilizem este método porque não conhecem outro. Compreendo que haja educadores que usem estes quadros porque aprenderam que funcionavam e que era uma boa ideia. Mas não sei por que é que continuam a usá-los depois de junho, no caso concreto das escolas. Se continuam a fazê-lo, esta é a prova de que estes quadros não funcionam – e isto não tem nada a ver com a criança e sim com o fato de o educador (pai ou professor) delegar a responsabilidade à criança, esperando que ela atue de uma determinada forma, rejeitando assim todo o impacto positivo do seu próprio esforço, influência e ensino. Por outro lado, insistindo em manter o quadro, estamos perante a prova de que a criança ainda não assimilou as regras ou o que se espera dela.

A verdade é que há um tipo de quadro que é muito mais interessante. É um tipo de quadro simples, em que as crianças se autoavaliam e falam sobre os comportamentos que tiveram e que foram mais ou menos adequados, e também sobre aqueles que desejam melhorar. Falam também no impacto que esses comportamentos – positivos ou negativos – tiveram na turma. Este quadro trabalha:

- A noção de si.
- A Inteligência Emocional.
- O respeito pelo outro.
- A empatia.
- O sentido de responsabilidade (percebo que o meu comportamento pode ajudar ou prejudicar o outro e assumo o que fiz – o que fará com que pense duas vezes antes da próxima vez que vá repetir o comportamento, caso ele seja prejudicial).

O professor, com base neste quadro, deixará de ter necessidade de ameaçar e até humilhar a criança com "olha, que você vai ficar de castigo", "olha que vou escrever para a sua mãe". O professor terá, na sua sala de aula, uma turma muito interessada, que se sente "tida e achada" na sua própria aprendizagem e que sente que é responsável pelos comportamentos que escolhe. Dito de outra forma, a criança passa a ser parte ativa e não passiva. E quando isso acontece, é impressionante a cooperação. É comum ouvir-se, quando usamos este tipo de quadros:

"Olha, desculpa por ter empurrado você no recreio. Estava irritado com você porque todo o mundo escolhe você em primeiro lugar para o time de futebol e a mim não."

"Não gostei do recreio hoje. O Lucas e o João não paravam de me dar encontrões. O meu lanche até caiu no chão e eu chorei."

"Hoje quero agradecer a Maria por ter me ajudado no exercício de matemática – estava mesmo difícil, mas ela me explicou e por isso hoje quero agradecer a ela."

"Hoje só quero dizer que estou chateada com a professora porque ela marcou um trabalho de casa muito grande e eu acho que não vou conseguir fazê-lo. Estou chateada e nervosa."

Assim, no final da aula, o professor reúne os alunos e ajuda-os a exprimirem-se, sem receio e sem interferir, no momento, na situação. O professor faz uso de um quadro onde estão expressas as emoções e poderá começar pelas emoções básicas e depois ir juntando outras e usando as variações destas que encontra propostas neste livro. A ideia é criar uma base, como viu nos exemplos já acima.

Use, sempre que possível, o rosto com o nome da emoção e relembre o significado de cada uma das emoções, usando como base os exemplos de situações (veja o Capítulo 2 deste livro).

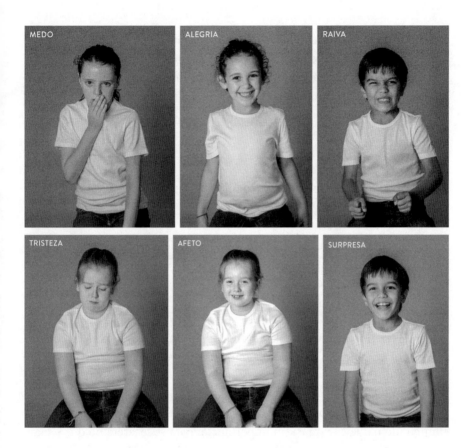

Dê o exemplo, falando de você:

"Hoje é o primeiro dia de aula e eu estou muito entusiasmado por conhecê-los e estou na expectativa dos próximos dias para ficar sabendo mais sobre cada um de vocês. É possível que vocês também estejam curiosos em relação a mim – por isso, estejam à vontade para me colocarem questões: se tenho filhos, se também passei pela escola e qual eram as minhas matérias favoritas ou se sei tocar guitarra. Vamos fazer muitas coisas novas este ano e vamos aprender outras tantas coisas que vão ser muito úteis. Hoje sinto-me muito feliz por estar com vocês!"

As crianças a quem é dada a oportunidade de fazer uso desses quadros aprendem a falar a sua verdade porque sabem escutar-se e sabem que são escutadas. Não sentem necessidade de agredir, falam de si, identificam os sentimentos, agradecem e pedem desculpa sempre que necessário e que sentirem vontade. Este tipo de tabelas ajuda-as a trabalhar no nível da Inteligência Emocional, da consciência de si e dos outros e a desenvolverem a empatia. E o bónus? Dão muito menos trabalho, ensinam muito mais e tiram o educador do papel do mau e do chato.

3.7 Como criar uma criança resiliente, usando técnicas de *coaching*?

Antes de conhecermos a estrutura de uma sessão de *coaching* e como é que ela nos pode ajudar na nossa relação com os nossos filhos e na educação de uma criança com uma personalidade resiliente, é importante sabermos o que é, exatamente, o *coaching*.

Neste momento, a palavra "*coaching*" tornou-se um termo vago e amplo, que pode referir-se à atividade de um treinador esportivo, um psicólogo ou um orientador vocacional. Há alguma confusão em relação ao termo e os mais importantes autores do assunto são os primeiros a afirmá-lo. Scott Blanchard diz que "*coaching* é uma arte da alma e que os *coaches* (os profissionais) são os artistas da alma. Os *coaches* ajudam as pessoas a fazerem o trabalho artístico, eliminando o que é extra e sem importância, para se focarem no que é mais importante [...] Fazer uma sessão de *coaching* com um profissional certificado é ir do ponto A para o ponto B, sabendo o que é o mais importante."

A essência do *coaching* não é aconselhar. E uma sessão de *coaching* pressupõe um consentimento, ou seja, as duas pessoas têm de querer fazer a sessão. Ainda assim, e com a enorme vontade de ajudarmos os nossos filhos nas mais diversas situações, acabamos por lhes dar a resposta, insistir ou obrigá-los a fazerem alguma coisa quando o ideal é que eles o façam porque entenderam o interesse em fazê-lo. É nesse sentido que esta estrutura o conduz, uma vez que vai orientá-lo através das linhas mestras, e ajudá-lo a ajudar o seu filho a ir de A para B. Em suma, a essência do *coaching* é ajudar a pessoa a encontrar as suas respostas e acordar a sua voz interna. Conheça agora o modelo que apresento aos pais nas minhas sessões de *coaching* e aconselhamento parental e ficará com as grandes orientações para, sempre que precisar ajudar o seu filho a ir mais longe, saber como fazê-lo. Ao usar estas linhas, o seu objetivo será "ensiná-lo a pescar", ainda que possa dar-lhe, aqui e ali, uma ajuda para lançar a vara.

Nota: Como lhe expliquei, uma sessão de *coaching* pressupõe o consentimento das duas partes. Contudo, a estrutura que vai conhecer a seguir e as questões que lhe servirão de base são muito úteis e interessantes, na medida em que, quando a criança é questionada, ela encontra as suas respostas e não as recomendações ou palpites constantes do adulto. Ao acontecer assim, estamos trabalhando a sua responsabilidade, o encontro de soluções e a apropriação das respostas.

Estrutura de uma sessão de *coaching* com base no modelo GROW:

G (*Goal*) = Definição do objetivo da sessão
R (*Reality*) = O que está acontecendo agora?
O (*Options*) = Que opções tem?
W (*Will*) = O que deseja? Como isso vai acontecer?

Se a estrutura é simples e clara, a magia acontece quando colocamos as questões que vão ativar a sua voz interior. E essas questões são as mais difíceis, porque são questões que exigem uma boa dose de empatia, respeito e também compaixão pelo outro. Costuma dizer-se que um bom *coach* é aquele que sabe que questão colocar, na hora certa. Além dos pontos acima, isso exige também algum treino. Como é possível que você tenha pouco treino, e por se tratar do seu filho, que está também emocionalmente envolvido na questão, na sequência estão algumas questões orientadoras que o poderão ajudar e inspirar nas primeiras vezes. Com a prática, terá questões suas, que surgirão de forma espontânea. Anote-as neste livro ou num caderno.

Nota: Em cada um dos momentos pode usar várias questões, com o objetivo de aprofundar a situação.

Goal | OBJETIVO
- O que você precisa fazer?
- O que é importante neste momento?
- O que você precisa atingir a longo prazo?
- Isso é bom?

Reality | REALIDADE
- O que você quer fazer?
- O que está acontecendo agora?
- O que você quer evitar?
- Que resultados você teria?
- O que você pensa sobre isso?
- Como é que ela iria reagir?
- O que gostaria de mudar?
- Isso é mesmo um problema ou é apenas algo que não o atrai?

Options | OPÇÕES
- Que opções você tem?
- Você me disse que tem vergonha. E se não tivesse vergonha, o que faria?
- Está disposto a ficar sem isso?
- Você já tentou isso antes? E o que aconteceu?
- E como você se sentiu depois de fazer isso?
- O que falta para você repetir essa situação?

Will | VONTADE
- O que você tem de fazer para isso acontecer?
- Você tem muitas formas de fazer isso?
- Quando começa?
- O que você precisa fazer para ter mais coragem?
- A quem vai contar, assim que souber?

Os quatro pontos anteriores – objetivo, recursos, opções e vontade – são rígidos, ou seja, é importante que passe do objetivo para os recursos quando o primeiro estiver bem claro.

Em resumo, ao percorrer os quatro pontos acima, vai estar:

- Definindo e esclarecendo o que o seu filho pretende (o princípio de tudo!).
- Identificando quais são os recursos (físicos, mentais) que precisa para chegar lá (reunindo, como um estrategista, as condições daquilo que tem de assegurar para que nada falhe e tenha sucesso no que se propõe).

- Eliminando obstáculos, preparando-se para eles (imagine que ele gostaria de visitar Londres – um dos obstáculos a eliminar poderá ser a barreira linguística).
- Fazendo acontecer (colocando-o em ação).
- Verificando os resultados, confirmando-os e partilhando-os quando os alcança.

3.8 Um olhar especial...

O objetivo, nesta fase, é ajudá-lo a criar filhos mais resilientes, positivos e felizes. Como tal, é importante que possamos olhar para dois assuntos muito sérios:

- A concentração das crianças, na medida em que o foco direcionado as ajuda a alcançarem os seus desejos, sejam eles terminar uma construção de um jogo de montar, equilibrar-se numa prancha de *surf* ou aprender os primeiros acordes de uma música.
- O *bullying*, porque atenta contra a integridade e a inocência dos nossos filhos e lhes mina a autoestima.

3.8.1 A concentração das crianças

Um dos males do século talvez seja a falta de concentração, aconteça isso na escola ou em casa. Se é verdade que as crianças se distraem facilmente quando as mandamos arrumar o quarto (talvez porque não estejam interessadas na arrumação), também é verdade que há quem culpe o ritmo em que vivemos, o desinteresse dos educadores ou ainda o dos pais que se demitem da sua função parental. Por outro lado, muitas crianças não sabem exatamente o que têm de fazer para se concentrarem e outras não conseguem desenvolver nenhum gosto pelas muitas atividades que vão experimentando simplesmente porque não as aprofundaram. É recorrente os pais comentarem que têm muita dificuldade em fazer com que os filhos gostem de um esporte ou da prática de um instrumento musical. Confessam que é ainda mais difícil mantê-los porque eles se queixam e se recusam a ir. O cenário comum é iniciarem uma atividade, mas não lhe darem continuidade. Então, os pais me perguntam se devem ceder ou insistir. Infelizmente, não há uma resposta que sirva para todas as situações. No entanto, é importante lembrarmo-nos de que, até retirarmos algum prazer das aulas de natação ou das aulas de guitarra, teremos de "dominar" um pouco a arte. Tocar os primeiros acordes de uma música numa guitarra pode não ser difícil, mas exige treino, e é esse esforço que algumas crianças não conhecem e a que não estão habituados. Como tal, é natural que se recusem. Podem também recusar porque estão fazendo alguma coisa de que gostam mais – como ver televisão –, e causará alguma frustração terem de desligar a TV para irem para a aula de judô.

A minha sugestão é que, antes de inscrever o filho numa atividade, possam experimentar duas ou três atividades que lhes pareçam interessantes. E, se possível, realizarem mais do que uma aula, dando-lhe a possibilidade de escolher a que mais lhe agrada. Depois, não permitam que ele desista (a menos que vejam que ele é, de fato, infeliz ali), porque o que pode acontecer é que ele comece a saltitar de atividade em atividade. Foi-lhe dada a possibilidade de escolher, ele teve um período de experiência – desistir pode significar uma resistência ao esforço, ao empenho e também à novidade. Não é uma punição mantê-lo na atividade – pelo contrário, talvez seja um dever insistirmos para que ele possa, mais cedo ou mais tarde, saber o que é brincar e mergulhar numa piscina, tocar uma música na guitarra ou passar de faixa no judô. Se não houver esforço e empenho dele, então, nunca saberá o que é uma conquista. É nossa obrigação, enquanto pais, "empurrá-los" com muito respeito e empatia, mas com a clara certeza de que o pedido é justo.

O foco e a concentração são considerados por muitos autores como competências importantes demais para serem negligenciadas. Podem e devem ser trabalhadas nas situações mais distintas do cotidiano, inclusive em forma de jogos e brincadeiras, como verá a seguir.

Essas duas funções acontecem no "andar de cima" do cérebro, na sua zona executiva, sobre a qual falei no Capítulo 2 deste livro. Uma criança que consegue se concentrar e focar a sua atenção nas instruções que o professor está dando, e que a seguir consegue executar o plano traçado passo a passo, é uma criança que será certamente mais feliz, porque se orienta melhor, e as sensações de frustração e desalento serão menores do que naquelas que desistem rapidamente ou se veem obrigadas a recomeçar constantemente as suas tarefas por não saberem concentrar-se. Será uma criança mais feliz, mais segura e, sem dúvida, com uma autoestima muito equilibrada.

Quando falamos em concentração, há um termo que aparece com frequência e que se chama *flow*. *Flow* é aquele momento em que desconectamos de onde estamos e concentramo-nos inteiramente na atividade que vamos desenvolver. Quanto mais vezes estivermos em estado de *flow*, mais depressa voltamos a ele, dado que o cérebro, que é um músculo, está habituado e reconhece esse estado. No entanto, quanto menos praticarmos a concentração e o *flow*, quanto mais *multitasking* ou atividades de "piloto automático" fizermos, menos o cérebro as pratica e mais dificuldade tem em "sintonizar-se".

Nesse sentido, é imprescindível que os nossos filhos tenham experiências ligadas à concentração para que rapidamente se coloquem nesse estado, seja na escola, seja numa situação de interação social. Daí que todas as oportunidades são boas e podem ser mesmo muito divertidas.

Sugiro que imprima as próximas ideias e as tenha sempre com você; o treino da sua memória não agradece, mas o seu filho sim!

Bichos carpinteiros
Leve os filhos para visitarem museus ou locais de culto e peça que, tal como o local exige, se mantenham sossegados e em silêncio. A partir dos 3 anos, as crianças já conseguem dar boa resposta a este pedido.

Hora da história
Conte histórias aos filhos, de forma expressiva. Nos dias a seguir, aproveite os momentos em que está com eles para ir relembrando a história, os nomes, os acontecimentos – verá se estavam atentos e se se recordam.

Para os maiores, a partir dos 7/8 anos, peça que relacionem as histórias que vão lendo com o dia a dia e que possam chegar a preceitos morais, por exemplo – as crianças vão relacionar situações da história com feitos da vida – estimula a memória, as relações entre as situações e coloca em prática a vivência dos valores.

Pode também ler repetidamente a mesma história (sobretudo para os que têm menos de 7 anos) e pedir que terminem as frases – isto vai ativar o processo de memória e a concentração com que estão e estiveram nas outras vezes que escutaram a história.

Poesia

Ensine poesia e a recitar pequenos poemas – memorizar e recitar exigem concentração e autorregulação (na parte do recitar). Por outro lado, quando recitam, estão também trabalhando a autoconfiança, expondo-se aos outros.

Brincar com as mãos

Fazerem desenhos, recortes, massinha – tudo isto os coloca mais facilmente em estado de *flow* e, com um projeto em mente, estarão pondo em prática um plano (foco e concentração), tornando a tarefa mais interessante.

Estado zen

E se começasse a fazer yoga e a meditar com os seus filhos? Pode ser mesmo muito interessante.

Uma coisa de cada vez

Retire tudo o que possa distrair e elimine o *multitasking* – a pressa é inimiga da perfeição! Sempre que possível, o local onde vão brincar ou trabalhar deverá estar arrumado e em ordem – não há nada mais estimulante para realizar uma tarefa do que ter o material disponível e fácil de encontrar.

Jogo do sino

Este jogo envolve uma grande concentração por parte das crianças. Dê-lhe um sino e pegue outro para você – perde quem fizer o sino tocar enquanto caminham. O jogo serve para desacelerar, depois de uma atividade muito estimulante. Então, durante os próximos 5 minutos, por exemplo, deverão preparar a mesa para o jantar com o sino na mão e levar um prato de cada vez na outra mão. O jogo pode não fazer rir ou ser divertido, mas o seu objetivo é rapidamente atingido.

Jogos com regras

É uma excelente forma de trabalhar a memória (das regras), a lógica do jogo, a concentração (para ganhar) e também a gestão das emoções quando se ganha ou perde.

Dizer os opostos

Este jogo é interessante na medida em que pode ser feito nas viagens de volta para casa, é divertido para os menores, trabalha as funções executivas do cérebro e aumenta o vocabulário.

Finalmente, e de forma mais orientada, o professor Edwige Antier propõe jogos que estimulam a concentração e que são igualmente divertidos:

Marionetes
Pela concentração que se exige ao manipular as mãos e ao ter uma história com início, meio e fim para contar.

Os jogos de encaixar e de fios
Dar nós, fazer quebra-cabeça ou até o ponto-cruz são ótimos aliados da concentração.

O mundo dos bloquinhos de construção
Exige concentração no movimento dos dedos. Partilhe a construção com o seu filho, sem ter a necessidade de dirigir, propõe esse autor.

Jogos de sociedade
Os dominós e até o xadrez são jogos que as crianças apreciam.

Além destas dicas que pode usar no cotidiano, é importante que possa acompanhar os seus filhos no momento do estudo, uma vez que estudar requer método, persistência, concentração e foco. E estas são características que não só as crianças usam não tão bem, mas nós também, e cada vez pior. Por isso, não leve o seu *tablet* nem o seu celular para a mesa de estudo. A ideia não é fazer-lhe companhia e sim ajudá-lo. Tenha interesse por aquilo que ele está fazendo – mais do que ajudar a fazer ou fazer por ele. Peça-lhe para ser o professor e que lhe explique como se faz aquela equação. Uma criança que consegue explicar o que aprendeu, como se fosse um professor, é uma criança que reteve a informação e que a saberá aplicar sempre que necessário. Pode também contar-lhe uma coisa interessante sobre aquele rei sobre o qual ela está aprendendo na escola e que não vem nos livros ou, para tornar as aulas de algumas disciplinas mais interessantes, fazer visitas à sua cidade: há sempre uma mistura de história, geografia ou estudo do meio, línguas e até matemática. Quando vemos aplicadas as aprendizagens, o estudo torna-se muito mais interessante. O segredo é este: tornar o estudo apelativo quando contamos coisas que lhes aguçam a curiosidade, quando nos interessamos pela forma como efetuam a sua aprendizagem e quando nos interessamos por aquela disciplina. E quando levamos interesse às coisas, é bem possível que os nossos filhos as vejam com melhores olhos... O famoso gostinho de quero mais.

Dica: Sabe que ele está estudando o descobrimento do Brasil. Quando ele chegar perto de você, não lhe pergunte:
- "O que está estudando?"
- "O que você aprendeu hoje?"
- "Do que você gostou mais hoje na aula de história?"

Diga-lhe, em vez disso, "Vou lhe contar uma história sobre o fundador de São Paulo, Padre Anchieta." E comece. Com detalhes e jeitinho e criando o entusiasmo. Pode ser que a concentração apareça quase por magia e que ele ainda a corrija e queira mostrar o que já aprendeu e sabe.

3.8.2 Bullying

O *bullying* mexe com a autoestima de qualquer criança. Mexe na sua integridade e também na sua inocência. Tira-nos a todos o sono e a traz a insegurança de que a infância, afinal de contas, pode ser um lugar maldito. Há quem se refira ao *bullying* como uma espécie de epidemia, contribuindo pouco a pouco para que este fenômeno seja visto com alguma normalidade, e isso não pode acontecer.

Como pais, temos um papel determinante em erradicar estes comportamentos das escolas e, portanto, a nossa intervenção é fundamental. E ela começa por estarmos atentos.

O que é, concretamente, o bullying?
O *bullying* manifesta-se de muitas formas e pode ser muita coisa ao mesmo tempo: rumores, manipulação, humilhação, exclusão, silêncios, intimidação, provocação.

Estes comportamentos podem ser devastadores para a autoestima da criança que os sofre e criar nela uma enorme ansiedade, que começará a querer evitar ir à escola.

Como posso saber se o meu filho é vítima de bullying*?*
Antes de tudo, deverá ter um canal de comunicação aberto e, a cada dia, desenvolver com ele uma relação onde cria espaço para ele falar com você. É muito importante que saiba escutar (veja como escutar como deve ser no Capítulo 4 deste livro), para que o seu filho possa sentir-se à vontade para partilhar a sua tristeza, os seus medos e a sua angústia.

É também possível que, de repente, ele comece a ter dores de barriga, dores de garganta e outros sintomas que o impeçam de ir à escola. Pode também passar a falar mais de algumas situações da escola e das brincadeiras, criando a oportunidade que ele próprio tem de ser ajudado por você ou, pelo contrário, fechando-se e não contando nada do que ali se passa por se sentir inadequado e julgar que a culpa é dele.

É urgente, então, que ele saiba que:

- A culpa não é dele.
- Todo mundo merece ser tratado com respeito.
- Os adultos podem ajudar e os pais vão pedir apoio aos professores – uma coisa são as "queixas", outra coisa é a perseguição/exclusão que existe no *bullying*.

As situações de *bullying* podem ser prevenidas e também trabalhadas. Mesmo que o seu filho não seja vítima, as orientações do que fazer e o estar atento ajudam a prevenir situações desagradáveis.

Comece por dizer, concretamente, ao seu filho, o que é o bullying
Use palavras que ele compreenda e exemplos de situações. O ideal mesmo é que possa inventar uma história com exemplos para que o seu filho consiga projetar-se. Mais à frente encontra uma lista de questões que pode usar para orientar o seu filho, ajudando-o a pensar claramente e por ele próprio.

Por vezes, o malvado é mesmo o seu melhor amigo ou aquele que ele gostaria que fosse
É uma situação frequente: o *bully* (agressor) é um dos melhores amigos – daí o sentimento de inadequação e o pensar que a culpa é dele. Esta é, por isso, uma amizade que sai cara. Uns dias parecem ser os melhores amigos e no

outro dia ficamos sabendo que o Antônio não deixou o nosso Joaquim brincar com ele. E todas as semanas esta situação acontece e o seu filho chega devastado em casa. Não tenha dúvidas – este comportamento é *bullying* e é importante que possa ajudar o seu filho a afirmar-se. Não veja isto como uma brincadeira de crianças – é a autoestima do seu filho que está em jogo. Veja como ajudá-lo nos pontos que se seguem.

Afirmar-se
Como pode ajudar o seu filho a livrar-se desse "amigo"?

Treine com ele – por vezes é difícil termos a resposta "na ponta da língua", então, o ideal é treinar. Não só as respostas como o comportamento e a linguagem corporal.

Ensine o seu filho a afastar-se e a estar longe desse menino. Sempre que o agressor se meter com ele, o seu filho faz como se ele não estivesse lá e levanta-se e vira-lhe as costas, saindo. Sem receio nenhum. Ensine-o a fazer "cara de paisagem", a revirar os olhos e a responder "está falando comigo"? "Oh, sério mesmo, para se sentir melhor você tem de tratar os outros dessa forma? Hmmm... eu não quero pessoas assim como amigas. Vou-me embora."

"*Oi? Está falando comigo? Ah, está? Agora não dá, talvez mais tarde*" (e vai embora).

"*Sério, você precisa sempre estar vindo perto de mim para fazer essas coisas? Não tem mais o que fazer?*"

"*Uauuuuu! Você é o máximo, Carlos. Agora pode ir divertir aquele grupo ali, que eles também querem rir um pouquinho. E amanhã pode trazer frases novas, por favor.*"

O que isso tem de especial? Além de serem respostas que estão na "ponta da língua", não ofendem, mas mostram que aquele comportamento é, no mínimo, inadequado.

A importância do tom com que se dizem as coisas
Não é apenas o que o amigo do seu filho lhe faz ou diz que é relevante. A forma e o tom com que o faz é determinante para saber se há humilhação. Por exemplo, é muito diferente dizer: "Deixe-me passar, por favor". E dizer: "Ai, desculpa, deixe-me passar poooooor favorrr". Este ponto também não pode ser deixado de lado.

A insegurança

Há várias razões que podem explicar o comportamento do *bully* (agressor) e que podem ir desde uma grande necessidade em mostrar que é ele quem manda (poder), à procura de reconhecimento por parte das outras crianças ou à busca de atenção. E pode também haver situações em que ele apenas repete comportamentos que outros têm com ele (ele próprio vítima de *bullying* num outro contexto). Na verdade, e ao contrário do que se poderia pensar, um agressor tem na base uma autoestima fragilizada e não uma "alta" autoestima. A autoestima "alta" não existe – uma pessoa que esteja equilibrada não precisa agredir o outro: é alguém que está de bem consigo e com o mundo. Aliás, no limite, será alguém que ajuda os outros e esses não são os comportamentos do *bully*.

Verticalidade

A forma como andamos, de cabeça e costas erguidas, transmite confiança aos que olham para nós e muita segurança – um *bully* não incomoda pessoas confiantes – aliás, tem receio delas.

Esteja presente

Fale com a professora, com as auxiliares. Saiba quem são as crianças envolvidas na situação e quem são os pais dessas crianças caso seja necessário abordá-los.

Esportes de autodefesa

O impacto que estes esportes têm na autoestima e na afirmação do seu filho podem ser muito interessantes. Experimente levá-lo a uma aula.

Escolha os amigos do seu filho

Como já disse acima, são as boas experiências e a forma como ele é tratado com estima por outros que vão pesar na balança na hora de comparar.

Não provoque o seu filho

Possivelmente, é difícil para o seu filho afirmar-se e defender-se. É possível que tenha receio de responder ao amigo, mesmo que tenha a noção de que aquela amizade não serve para nada... não vale a pena provocá-lo ou fazê-lo sentir-se mal pensando que isso vai "despertá-lo". Muito pelo contrário – vai apenas fazer com que a autoestima caia por terra – indicando que, afinal, o apoio dos pais é pouco ou nenhum e que, afinal, ele não é bom em nada.

Finalmente, não é apenas aquilo que dizemos aos nossos filhos que tem um impacto importante. O seu diálogo interno, as conclusões a que chegam é que são realmente importantes.

Acima sugeri que pudesse criar uma história sobre uma criança que é vítima de *bullying*, usando exemplos que o seu filho possa mais ou menos reconhecer.

Agora sugiro que vá mais longe e que use questões como estas, para orientar o seu filho na tomada de consciência e nas decisões futuras.

Imagine que o agressor da sua história se chama Carlos e que o agredido se chama Manuel.

Questões orientadoras:
- O Carlos estava sendo malvado com o Manuel?
- E o que ele disse e fez para ser assim tão mau?
- Como o Manuel fez para que o Carlos parasse de ser tão desagradável com ele?
- Como o Carlos reagiu?
- E que outras coisas você acha que o Manuel podia ter feito?
- Pareceu importante que o Manuel tivesse contado aos pais o que estava acontecendo na escola?
- Acha que, se isto voltasse a acontecer, o Manuel saberia reagir?
- E o que você acha que poderia ser a primeira coisa a fazer?
- Você já teve algum colega na sua escola que tivesse feito isto com você?
- O que você faria se estivesse no grupo do Carlos e do Manuel e visse uma coisa dessa acontecendo? Como é que você se sentiria?

O QUE VOCÊ APRENDEU NESTE CAPÍTULO

- Pode chamar MARTA às emoções: Medo, Alegria, Raiva, Tristeza, Afeto.
- Elogiar o seu filho pode fazer com que ele se sinta cada vez menos capaz.
- Ter altas expectativas em relação ao seu filho ajuda a criar filhos mais resilientes.
- Chamar as emoções pelos nomes é meio caminho andado para as gerenciar.
- As tabelas de comportamento, a médio e a longo prazo, não dão em nada.
- As tabelas que trabalham as competências emocionais entregam a responsabilidade e a escolha dos comportamentos às crianças e elas sentem-se valorizadas por isso.
- As emoções são amorais – o que tem valor e moralidade são as ações.
- Detestar o seu filho num minuto e achar que ele é o máximo no minuto a seguir não é sinal de demência – é perfeitamente normal e até recorrente na sua função de mãe/pai.
- O *bullying* e a concentração são dois aspectos que interferem na felicidade e na autoestima dos nossos filhos. Os pais têm um papel determinante e por essa razão devem acompanhar os seus filhos e estar atentos.

4
SABER FALAR COM O SEU FILHO

O povo diz "o peixe morre pela boca", por isso, imagine que aqui o *peixe* é a sua *relação com o seu filho*.

Há quem diga que as crianças não compreendem nada. Mas a verdade é outra. *Aquilo* que dizemos e *como* dizemos tem um impacto muito maior do que aquilo que você poderia, à primeira vista, pensar. Há quem diga que aquilo que dizemos às crianças se torna a sua voz interior.

Agora que você já sabe que os elogios podem ser contraproducentes, venha descobrir as pequenas coisas que pode mudar e melhorar na forma como fala com os seus filhos e veja revelarem-se, diante de si, mudanças extraordinárias.

Não espere mais, comece já!

O QUE VOCÊ VAI APRENDER NO FINAL DESTE CAPÍTULO

- A linguagem positiva é muito mais do que não dizer "não".
- Aquilo que fazemos fala mais alto do que aquilo que dizemos.
- Temos tendência para proibir, para dizer mais vezes "não" e raramente criamos oportunidades para o "sim".

Anote aqui o que gostaria de fazer diferente na forma como se relaciona e comunica com os seus filhos:

_____
_____
_____
_____
_____
_____

4.1 A importância da comunicação e os mitos da moda do falar positivo

Certamente você já reparou que, por toda a parte, se ouve falar do discurso positivo que está na moda. Desde Obama, com o famoso *"Yes, we can"*, até à publicidade positiva de inúmeros bancos, falar com um "mais" parece ter vindo para ficar. Não só veio para ficar, como, por vezes, tenho a impressão de que, se estivermos mais "para baixo" ou com um discurso mais derrotista, a probabilidade de ouvirmos um "assim não pode ser, tem de pensar positivo. E olhe que tristezas não pagam dívidas" é enorme nos dias que correm. Entendo a intenção de quem o diz, mas talvez se tenha ido longe demais e se tenha falado muito sobre este discurso sem que, no entanto, tenha se ficado sabendo grande coisa. Por isso, vale a pena esmiuçar a questão da linguagem positiva e como, quando bem usada, tem um impacto enorme na forma como a criança se vê. Peggy O'Mara disse que "A forma como falamos com os nossos filhos torna-se a sua voz interior", por isso, é importante que nos possamos lembrar que as crianças ouvem aquilo que lhes dizemos e a forma como o fazemos. Um dos exemplos típicos é "etiquetarmos" os nossos filhos. Com frequência, justificamos determinados comportamentos com "é tímido", "é teimosa" ou, aborrecidos com a insistência, atiramos para o ar "você é sempre tão chato, caramba!", "Lá vem você e o seu mau humor!". No caso destas situações se repetirem com frequência, é muito possível que a criança passe, de fato, a acreditar que assim é. O pensamento da criança será, aos poucos, semelhante a este: "Se a mamãe e o papai dizem que eu tenho "mau feitio" ou sou "tímido", então, eles devem ter razão. Eles é que são os pais, são adultos e mais velhos e, com certeza, sabem do que estão falando." Portanto, quando a criança acredita que aquela é a sua etiqueta, acredita também que não vale a pena procurar mudar ou experimentar outro tipo de atitudes – afinal de contas, é como se tivesse nascido com essas características todas tatuadas no braço esquerdo.

4.1.1 Os mitos da moda do falar positivo

Falar positivo e ser positivo
Há uma série de interpretações erradas ou que ficam muito longe daquilo que é verdadeiramente o discurso positivo. Nas sessões de *coaching* e aconselhamento parental, alguns pais dizem-me que tentam ter conversas positivas com os filhos e procuram ajudá-los a acreditar que vão conseguir ter boas notas ou que não vão ter medo do primeiro dia de aulas na escola nova: "Você vai ver, vai correr tudo muito bem e você vai adorar." Se você está lendo este livro pela ordem em que ele está nas suas mãos e tem a matéria estudada, então, sabe que o mais importante é reconhecer os medos e receios do seu filho em ir à escola e, mais do que insistir que vai tudo correr bem (claro que pode dizer isso!), é fundamental escutá-lo e mostrar-se empático com a situação. Pode até dizer-lhe que, se for verdade, no seu primeiro dia de aulas também ficava nesse estado: ansioso!

Falar positivo não é apenas dizer que tudo vai correr bem e ser uma pessoa feliz em todos os momentos. Falar positivo passa por determinar concretamente o que pretendo (em vez de dizer aquilo que não quero) e orientar as minhas ações nesse sentido.

Quando o seu filho lhe diz que não quer ir à escola, e você percebe que isso tem a ver com uma situação de *bullying*, por exemplo, não vá à procura do que a criança não quer. Certamente ela dirá que não quer ir à escola ou que já não gosta da escola quando, na verdade, o que ela desejaria é que a deixassem em paz ou que a deixassem entrar nas brincadeiras. É justamente isso que você vai ajudar o seu filho a dizer.

"*Mãe, não quero ir mais para a escola.*"
"*Você está me dizendo que não quer ir mais para a escola?*"
"*Sim, nunca mais!*"

"Uau, alguma coisa muito grave deve ter acontecido. Sou toda ouvidos. Quer me contar?"
"Agora não. Depois, talvez depois."
(depois...)
"Você está com uma cara tão apreensiva. Queria ouvir você. Quer falar agora?"
"A Daniela é sempre a mesma. Hoje não me deixou andar no grupo dela e eu agora não quero mais ir à escola."
"Hmm... você está tão zangada e ao mesmo tempo tão triste com a situação, não é?"
(começa a chorar) "Sim, mãe, eu queria brincar com as amigas da minha sala."
"Então minha querida, você quer é brincar com as suas amigas, é isso?"
"Sim, mãe..."

Nesse pequeno exemplo, a filha não queria deixar de ir à escola, na verdade. O discurso positivo é aquele que vai à procura da real motivação e que é sempre expressa com uma frase na positiva: "Eu quero brincar com a Daniela."

E por que identificar o que se pretende, concretamente, é tão importante?

Justamente porque nos coloca num novo patamar: o de identificar, de forma muito clara, o que podemos fazer para chegarmos ao que pretendemos. No caso acima, podia passar por encontrar um novo grupo de amigas ou ser mais assertiva. A resposta estará sempre nas mãos de quem vai resolver a situação.

Não diga que não porque ele pode ficar frustrado

Dizer que não só "porque sim" pode ser muito frustrante e limitador, é verdade. Se a todos os pedidos e se a todos os momentos uma criança ouve um "não", é natural que não tenha vontade de tomar a iniciativa ou de insistir. Quando chega a esse ponto, estamos perante uma situação trágica, porque conseguimos anular a energia positiva de uma criança.

Quando leu a primeira parte deste livro, ficou sabendo que há vários tipos de estilos de educação e um deles é o estilo permissivo. Nele, entendeu que, quando tudo permitimos a uma criança, o mundo torna-se um lugar ameaçador porque não tem limites, e um lugar sem limites não transmite segurança alguma. Os limites existem porque protegem a criança, não porque é suposto a criança ter limites.

"Dê a mão quando formos atravessar a rua."
"Ah, não, mãe, não dou!"

> *"Eu não estou negociando com você. Dê a mão. Um dia, você vai saber atravessar a rua sozinho e por isso, enquanto não sabe, eu asseguro que nada de perigoso acontece."*
>
> *"Mãe, posso cortar a cenoura com você? Posso? Posso? Deixe-me usar esta faca!"*
>
> *"Você pode me ajudar na cozinha, claro! Preciso cortar estas salsichas e você pode usar a faca que usa nas refeições. A cenoura é com esta faca que você vai usar mais para a frente porque tenho receio de que agora se machuque com ela."*

Quando não conseguimos colocar limites claros na vida de uma criança, ela sente que então também não a conseguimos proteger e, isso sim, é frustrante e mesmo angustiante. Imagine um quarto pequeno. É dentro desse espaço que a criança cresce em segurança, aprendendo a lidar com o que há lá dentro. Quando se sente segura e confiante e "domina" o que tem ao seu dispor, então, as paredes, que são os limites, finalmente alargam-se. Ela está apta a fazer novas conquistas, sempre em segurança. É dentro dos limites que a criança consegue florescer e desenvolver-se.

O mito do elefante cor-de-rosa

Certamente já ouviu dizer que devemos evitar usar a palavra "não" nas frases. Quando essa moda começou, havia quem defendesse que todas as frases deveriam ser construídas no modo afirmativo, o que, além de ser um desafio enorme, obrigava a uma ginástica mental muito grande.

Estamos, então, falando do quê?

A ideia base é que, quando eu digo: "Não pense num elefante cor-de-rosa", a primeira coisa em que vou pensar é "num elefante cor-de-rosa". É o cérebro invertendo tudo? Sendo teimoso? Não! Tudo aquilo que se diz, o cérebro processa. Quando você entra num quarto cheio de coisas, os seus olhos vão enviar uma mensagem automática ao seu cérebro e ele vai processar todos os objetos que lá estão e todas as sensações que tiver. Por isso, quando alguém lhe diz "Não pense num elefante cor-de-rosa", a primeira coisa que o cérebro vai fazer é mesmo pensar nele.

Há autores que dizem que o cérebro não processa a palavra "não" – e esse é o motivo. Isso significa então que se eu digo "A partir de agora não grito mais com as crianças" ou "A partir de amanhã não fumo mais!", estou condenando essas decisões ao fracasso. Estou exagerando? Talvez não. O motivo tem a ver com o seguinte: se enunciar essas decisões com aquilo que não quero fazer, então, o meu cérebro vai processar uma imagem de mim gritando ou fumando. Para ter mais sucesso nas minhas decisões, tenho de definir os famosos objetivos positivos. Tenho de decidir exatamente aquilo que quero.

É possível que aquilo que você deseja mesmo seja ter a oportunidade de ter uma relação mais tranquila com os seus filhos – é isso que tem de enunciar. Por que definir objetivos positivos é tão importante? Porque quando eu defino exatamente aquilo que desejo, então, vou criar oportunidades para que isso aconteça: ser mais paciente, realizar atividades interessantes em família, acarinhar mais etc. Quando reduzo tudo ao "não gritar mais com as crianças", não estou criando possibilidades. É um desejo estático, que não sai do lugar e que, portanto, não cria possibilidades nem oportunidades.

4.1.2 Afinal, como eu falo positivo?

Ter um discurso positivo não é nada complicado – neste momento, o que você tem de fazer é estar atento à forma como fala e procurar, a cada momento, criar frases que tenham possibilidades e que sejam positivas.

Exemplo 1
"Olá! Como está?"
"Estou indo, e o senhor?"
"Sim, está tudo bem, obrigado."

Exemplo 2
"Olá! Como está? Que coisas boas conta?"
"Coisas boas? Hmmm... Olhe, esta manhã fui levar o meu neto à escola!"

O que aconteceu no exemplo 2?
Além de ter colocado uma questão não comum, dei uma ordem ao cérebro daquela pessoa para ir à procura de um acontecimento positivo, não o deixando em "piloto automático" para as respostas corriqueiras do dia a dia.

Falar de forma positiva é também criar oportunidades para fazermos acontecer o "sim". O "não" talvez seja uma das palavras que mais usamos com os nossos filhos.

"Mãe, me deixa levar o carrinho das compras."
"Não!"
"Ah, mãe, por favor! Só hoje, só hoje!"
"Ok, pode levar!!"

Como viu, a insistência da criança não foi grande e, no exemplo acima, a mãe muda de ideia muito rapidamente. O que nos leva a dizer "não" tantas vezes? Existem muitas razões, e talvez uma delas tenha a ver com a crença de que não devemos permitir tudo às crianças para que elas não tenham a impressão de que somos permissivos. Nesse exemplo, pouco ensinamos à criança – talvez o valor da insistência e a noção de que os pais estão pouco disponíveis para dar.

4.1.3 Criar oportunidades para o "sim"

Ora, além de criarmos oportunidades para o "sim", é também importante que possamos procurar o "sim" em cada "não" que a criança responde. Um "não" a uma coisa é um "sim" a outra coisa, e, quando conseguimos percebê-lo, estamos respondendo às necessidades dos nossos filhos. Nem tudo tem de ser uma afronta, quer ver?

Mãe: "Guilherme, e se hoje fôssemos ver as tais chuteiras para as suas aulas de futebol?"
Guilherme: "Ah, mãe, hoje não, não estou a fim."

(**Pausa:** o normal é os pais insistirem na saída, ameaçarem que a criança vai ficar sem as chuteiras, fazê-la sentir-se mal porque estávamos disponíveis para ir comprar as chuteiras que ela tanto quer e precisa – levamos muito a ferro e fogo todas estas situações, quando elas pouco ou nada têm a ver com ingratidão e sim com necessidades. Neste caso, a necessidade do Guilherme era a de jogar. Como dizer que sim? O que o impede de fazer isso?)

Mãe: "Parece que você está muito entretido nesse jogo. Que jogo é esse?"
Guilherme: "Estou jogando "Battle of castles" e não estou a fim de sair agora. Estou jogando contra um colega da minha sala."
Mãe: "Você está com um ar tão concentrado, rapaz!"

Guilherme: *"Tenho que ganhar ou juntar pontos para passar de nível."*
Mãe: *"Ok, tudo bem. Seja como for, temos que tratar desse assunto do futebol, por isso, o que você me diz de irmos amanhã de manhã, assim que as lojas abrirem?"*
Guilherme: *"Sim, me parece uma boa ideia, mãe."*
Mãe: *"O que é que parece uma boa ideia?"*
Guilherme: *"Irmos amanhã de manhã ver as chuteiras. Fica combinado!"*

Estamos demasiado habituados a reagir, a nos defender porque vemos esse tipo de respostas como uma ameaça à nossa autoridade parental e até como uma falta de educação. Se podemos negociar, o que nos impede de fazê-lo? Medo de que eles tomem o poder em casa?

Como mudar este esquema mental?
Primeiro, devemos fazer um esforço para nos lembrarmos de que os "nãos" não são uma ameaça e sim uma mera resposta. Depois, identificarmos bem o que pretendemos – procuramos forçar o sim, ter razão, ou estamos à procura de nos ligarmos à criança? Quando o nosso objetivo final é aumentar o vínculo, então, é importante que possamos olhar para as nossas reações automáticas e ver o que, de fato, queremos retirar de cada interação. Complicado? Não, nada complicado – só exige treino e lembrarmo-nos de que o mundo não gira em volta do nosso umbigo.

Escutar é uma decisão que vem do coração e que deseja descobrir o outro. Há quem diga que escutar cura. E é bem capaz de ter razão.

4.1.4 Seja específico e proativo

Uma das características da linguagem positiva é que ela é clara, específica e concreta, provocando a proatividade: naqueles que a usam e naqueles a quem os que usam se dirigem.

Exemplo 1
Quando dizemos ao nosso filho de 2 anos:
"Não toque no aquecedor porque está quente",
é importante que lhe possamos dar uma opção logo a seguir:
"Venha para perto de mim ajudar-me a guardar estas caixas, por favor."

Como você já sabe, o não é redutor e não cria possibilidades. Como tal, é importante que nós possamos criar essas possibilidades para que o nosso Lucas não volte, logo a seguir, para perto do aquecedor.

E se mesmo assim a criança não sair de lá ou se disser que não quer? O que você deve fazer?

Deve simplesmente aproximar-se dela e tirá-la de lá. Neste caso concreto, estamos falando da questão da segurança e a segurança é dos poucos temas que não são negociáveis. É possível que a criança manifeste o seu desagrado, o que é perfeitamente natural. A única coisa que tem de fazer é aceitar que faz parte e a seguir deverá direcioná-la para uma outra atividade.

Exemplo 2

Sempre que chama o Pedro para a mesa, ele faz de conta que não a ouve.

Já o avisou que um dia ele fica sem comer. É sempre a mesma coisa – sente um profundo desrespeito por você, pelo trabalho que você tem em fazer o jantar para todo mundo. Você chama por ele, pede que ele ponha a mesa e ele diz "agora não!", ou o famoso "já vou!". Na hora do jantar, ele ainda não apareceu… Ele já tem 9 anos e está um homem, mas você não está vendo a forma de contornar a situação, não é?

Então, vamos olhar para as opções interessantes e que fazem uso desta linguagem e do comportamento positivo que temos ao nosso dispor: Sempre que você chamar pelo seu filho, vá falar com ele. Tal como certamente não gosta que ele chame por você do quarto, não chame por ele da cozinha. Além disso, o risco de ele não responder ou de lhe dizer um "Jáaaa vou" são bastante maiores. Quando chegar junto dele, olhe e veja o que ele está fazendo e diga exatamente o que vê:

> *"Você deve gostar mesmo de ver estes desenhos animados. Até parece que você tem cola porque não desgruda disto. Quem são estes?"*
> *"Está fazendo os exercícios de matemática, os da divisão com dois algarismos?"*
> *"Está com as mãos todas cheias de guache!"*

Por que usar esta técnica (que se chama reconhecimento ou descrição)?

Porque a criança vai sentir que conta – a mãe não chega lá apenas e atira uma ordem, "Vamos jantar!".

Quando a criança se sente vista, sente-se amada (é tão simples e, ainda assim, quantas vezes nos esquecemos disso...?)

Quando a criança sente que conta, estabelecer uma ligação com ela torna-se mais fácil. E quando estabelecemos essa ligação, cooperar vem de forma natural.

Nós também desaceleramos e valorizamos os momentos – dizemos com frequência que não temos tempo de qualidade com os nossos filhos –, estes são os gestos que conferem qualidade aos relacionamentos e, por isso, vale a pena parar de fazermos o que estamos fazendo para estarmos mais próximos deles.

Leva tempo? Sim, leva tempo para nos desabituarmos de comportamentos enraizados. Mas a parentalidade também não é para ser vivida às pressas, não é?

A seguir, experimente dizer-lhe:

> Mãe: *"Vamos jantar daqui a dez minutos. Chamo você antes de irmos para a mesa e eu ajudo a acabar de pôr a mesa, combinado?"*
> Filho: *"Está bem."*
> Mãe: *"O que você ouviu?"*
> Filho: *"Que você me ajuda a pôr a mesa e que me chama antes."*
> Mãe: *"Isso mesmo! Você está atento!"*

Nesse pequeno diálogo, a mãe:

- Antecipou o que ia fazer.
- Confirmou que a tarefa de pôr a mesa é do filho (antecipadamente já lhe tinha sido dito que era ele que punha a mesa – daí que a mãe possa ajudá-lo e não o contrário).
- Pediu que o filho confirmasse o que tinha ouvido.

Finalmente, vá para junto dele, com a certeza de que ele vai cumprir com o prometido, agarre no seu braço ou toque-lhe no ombro (ligação) e diga-lhe:

> Mãe: *"Vamos para a mesa, já passaram os dez minutos."*
> Filho: *"Mas, ah mãe, só mais um minuto."*

Mãe: *"Foram dez minutos, não foi um. Agora sim, está na hora de vir. Venha, rapaz!"*

Vire as costas e vá fazer o que tem que fazer. Se ficar, vai entrar nas argumentações, justificativas e jogos de poder que irá ver no Capítulo 5 deste livro. Deixe o seu filho tomar a melhor decisão. Caso ele decida não cooperar, estará na hora de fazer duas coisas:

- Falar a sua verdade.
- Trabalhar a questão do vínculo (Capítulo 5) e usar as "consequências".

Sugestão: adapte este discurso às outras situações da sua vida.

4.1.5 Mude a sua linguagem

Quero muito que a partir de hoje retire algumas palavras/frases/expressões do seu vocabulário e que passe a usar outras. Com uma mudança tão consciente, vai passar a estar mais atento quanto ao impacto do seu discurso e daquilo que diz aos seus filhos. E sabe o que mais? Vai ver que acontece magia em você e nos outros. Continue a leitura!

Gênio

Esta palavra está carregada de negativo. Quando pensamos em humor, pensamos em algo que não pode ser mudado. Difícil. Basta dizer que "tal pessoa tem um gênio!", que ficamos logo sabendo que aquela pessoa não é "flor que se cheire" e que, mesmo não a conhecendo, deve ser alguém muito difícil.

Rotular uma criança é um processo perigoso. Primeiro, porque, para que ela se livre do rótulo que lhe puseram, vai ter que fazer um enorme esforço. Depois, e sobretudo quando se trata de crianças pequenas, elas acreditam que, se um adulto lhes diz que são teimosas ou têm gênio ruim, ou são "levadas da breca", então é porque deve ser mesmo assim. E se é mesmo assim, então não vale mesmo a pena fazer o esforço para mudar porque já se nasceu assim. Finalmente, o tal gênio vai depender de quem esteja lidando com essa pessoa. E há pessoas extraordinárias que revelam nos outros características igualmente extraordinárias.

Sugiro então que substitua a palavra "gênio" por "natureza" e veja como tudo se torna diferente e muito mais simples. Quando falo em natureza, vou querer lidar com essa forma de ser. Vou aceitá-la muito mais facilmente e vou ao seu sabor. Com a palavra "gênio" não é possível uma atitude serena – é como se tivéssemos que ir, forçosamente, contra o gênio dessa pessoa.

Por outro lado, quando falo em natureza, a forma como olho para o meu filho é diferente daquela que uso quando penso ou uso "gênio", uma vez que passo a aceitá-lo tal qual ele é e, ao falar em natureza, tenho mais disponibilidade para lidar com ele e com todas as suas características únicas. De repente, parece que surge um maravilhoso mundo novo de oportunidades quando, na verdade, o que mudou foi apenas a palavra.

O PIOR QUE TEMOS EM NÓS

Quando não conseguimos encontrar o que de bom os nossos filhos têm (olhe para a natureza deles, procure-lhes a essência), então, a única coisa que vamos estar extraindo é o que de pior eles podem ter.

Todas as crianças – enfim, todas as pessoas – querem ser vistas pelas boas intenções que têm e querem ver os seus esforços reconhecidos. Quando insistimos em não ver o que têm de bom... que tragédia de vida!

Hoje, quando estiver com eles, procure pelo que eles têm de bom e diga-lhes. Potencie este aspecto nas suas vidas. É demasiado trágico e é uma pena enorme que não o façamos com mais regularidade.

1-2-3

Contar até 3 não é boa ideia. No começo funciona bem, mas, com a continuidade, a criança conclui que não tem que fazer o que lhe está sendo pedido logo de cara. Sabe que pode esperar até 3, que é quando o pai está mesmo falando sério. E com isso, em vez de ter pedido três vezes, já pediu seguramente umas cinco vezes. A criança aprendeu o quê? Aprendeu a ignorá-lo.

Sugiro que use um tom firme e que olhe para a criança quando lhe pede o que tiver que pedir. Pode tocar-lhe no braço ou baixar-se ao seu nível para conseguir captar a sua atenção.

Deixe o 1-2-3 de lado e procure conectar-se dessa forma.

Eu avisei, não é? Viu?

É verdade: na maior parte das situações, nós, os pais, sabemos mais do que a criança. É verdade também que a criança sente pouco ou nenhum controle na sua vida. Ora, quando chega a uma conclusão por ela, tem um momento de descoberta e não precisamos estragar essa tomada de consciência com um "eu avisei, não é? Viu, blá blá blá." Além de ser irritante, desnecessário, tem um lado mau e perverso, que insiste em fazer com que a criança receba duas informações: "é melhor que você faça sempre aquilo que eu digo porque eu sou mais experiente" e "o meu próprio pai gosta de me ver sofrer – ele já sabia e ainda assim não foi capaz de me convencer a ver o seu lado/sabe que isto custa mas não me dá um ombro amigo".

Você quer que eu me aborreça com você?
Certamente, você já utilizou esta frase muitas vezes. Essa é daquelas frases que me fazem sorrir porque, ouvida a esta distância, parece que a mãe só está à espera da resposta do filho para ligar o botão de "zangada".

Ou bem a mãe se aborrece e é honesta em relação aos seus sentimentos ou, então, não vale a pena colocar tensão na situação – é melhor que a possa administrar.

Aos olhos da Inteligência Emocional, a mãe deposita todas as suas emoções nas mãos da criança, mostrando que tem pouca gestão, o que não é verdade, como verá mais à frente, na parte da "Comunicação e linguagem não violenta".

Não isto, não aquilo
Como leu acima, a ideia é criar oportunidades para dizermos o sim mais vezes, proibir menos e dar alternativas.

> *"Pare de pular em cima do sofá!"*
> **Adicione ou diga apenas:**
> *"Quer pular? Então venha pular aqui no chão!"*

> *"Não se joga futebol dentro de casa, quantas vezes tenho de dizer isso?"*
> **Adicione ou diga apenas:**
> *"Vou ter jogadores de futebol nesta família! Todo mundo lá para fora com a bola."*

> *"Já disse que você não vai com esses sapatos novos para a escola. Quando é que você vai entender isso?"*

Adicione ou diga apenas:
"Os sapatos novos são para serem usados no casamento do tio Henrique. Na entrada de casa estão os sapatos com que você pode ir hoje à escola."

Filha: *"Mãe, estou com sede"* (é um fato e não um pedido)
Mãe: *"Está bem."*

Ensine o seu filho a dizer o que quer/precisa/deseja.
Filha: *"Mãe, estou com sede."*
Mãe: *"O que você quer?"*

Ensine-o a perguntar o que exatamente ele quer e a dizê-lo imediatamente.

Filha: *"Mãe, não consigo abrir a porta. Você pode ajudar-me a abri-la, por favor?"* (aqui está a necessidade).
Mãe: *"Claro que posso!"*

Não o faça mentir
Você já lavou as mãos? Já fez toda a lição de casa? Já comeu tudo? Já arrumou a cama? Você não tem nada para me contar?

Colocar questões desse tipo, quando sabemos de antemão que a resposta é não, é criar uma armadilha para os nossos filhos mentirem para nós.

Esse é o tipo de perguntas que apelam para uma resposta automática do tipo "Já!"

Esse é o tipo de questões que é dito com um ar controlador e de quem possivelmente vai se aborrecer/punir/brigar logo a seguir. Logicamente que, para se defenderem ou não se aborrecerem conosco (porque estamos sempre controlando, dando ordens, opinando sem os escutarmos), vão responder que já!

Diga-lhe o que vê e o que sabe. E depois deixe-o falar. Você não está acusando, não está se zangando, não está brigando. Está apenas observando e, por isso, a disponibilidade do seu filho para escutar e para não ter que se defender será muito maior.

EM VEZ DE DIZER:	DIGA:
– Já lavou as mãos?	– Vai lavar as mãos, por favor. – Vi que as suas mãos não estão lavadas, vai lá fazer isso.
– Já fez toda a lição de casa?	– Vi que a lição de geografia está feita e que a de inglês ficou pela metade...
– É sempre a mesma coisa, você nunca ouve nada do que dizem.	– Vejo que você continua olhando para o seu celular enquanto estou falando com você.
– Já comeu tudo?	– Vamos sair daqui a 5 minutos e você ainda está à mesa?
– Você é um irresponsável! Não posso mesmo confiar em você!	– Você disse que levaria o saco do plástico até a lixeira e eu vejo que o saco está na porta de casa.
– Já arrumou a cama?	– A sua cama!
– Você não tem nada para me contar?	– A mãe da Joana me telefonou e disse que você ficou com o estojo dela da aula de artes.

Conclusão: em vez de brigar, de aconselhar e de fazer o papel do chato que costuma fazer, vai passar apenas a descrever o que vê. Consegue ver o impacto das frases, não consegue, naquele que escuta? O seu filho não se sentirá agredido e, aos poucos, os pais vão aprendendo a passar a responsabilidade, de forma muito serena e assertiva, ao filho.

Caso: a minha filha não muda

Idade da criança: **10 anos**

A situação que tenho com a minha filha é muito complicada e já não sei lidar com isto. Ela está impossível, é mal-educada comigo e não ajuda em nada em casa. A nossa situação financeira não é das melhores e eu me vi

forçada a arranjar um segundo emprego, em meio período, para cobrir as muitas despesas que estamos tendo, o que significa que ela fica com o pai até as 9h da noite. Ela faz tudo contrariada, não estuda, tem notas ruins e revira os olhos constantemente. Parece que tudo é um problema.
Eu já me sentei algumas vezes com ela, falando com muita calma, pedindo a ela que coopere, que me ajude. Ela diz que sim e eu acredito que daquela vez é para valer. Mas depois nada acontece: ela não arruma a cama, não estuda, nada!
Para piorar a situação, fui chamada à escola porque ela anda tratando mal alguns colegas – é uma bully, a agressora. Cheguei em casa num estado lamentável, chorei, dei-lhe uma surra e agora estou completamente desesperada porque não reconheço a minha filha! Não sei mais o que fazer! Ajude-me!

Está completamente perdida, não está? A sensação que se tem quando se lê o seu texto é que mãe e filha, embora se comuniquem, não parecem falar a mesma linguagem. Não há ligação entre as duas. Ao ler o seu texto, há uma coisa que salta à vista: a sua boa vontade em sentar-se com ela e explicar-lhe, com calma, o que se espera de uma filha de 10 anos. Mas há uma coisa que se esqueceu de fazer: de escutar a filha! A sua filha não se sente levada em conta, nem tampouco se sente parte integrante e valorizada na sua família. E quando lhe explica que tem dois empregos e que precisa da cooperação dela em coisas simples, como arrumar a cama, pôr a mesa, tratar da lição de casa, é provável que ela revire os olhos e a faça sentir a mais chata das mães. E por que isso acontece? Porque as únicas necessidades que estão sendo tratadas são as necessidades da mãe de ter ordem na casa. E quem escuta a sua filha e descobre o que ela precisa? Possivelmente, ela precisa que se interessem por aquilo que ela está estudando na escola, que lhe perguntem se aquela chatice com a Rafaela do 4º B já passou e se quer que estude com ela para a disciplina de inglês. Precisa certamente de um beijo de boa-noite, que a mãe partilhe com ela os bons momentos que teve durante o dia e que façam planos para o fim de semana. E sim, tudo isso é possível mesmo tendo dois empregos.

As conversas sérias e calmas como as que têm tido, e que pouco resultado têm gerado, levam mais tempo do que a atenção direcionada e o amor que irá pôr em todas as suas intervenções.

E sabe de uma coisa? Os resultados aparecem em muito pouco tempo – é da sua responsabilidade mantê-los!

Acerte na assertividade

Uma das formas mais efetivas e mais inspiradoras que tenho ao meu alcance para influenciar, de forma positiva, o meu filho é modelando o comportamento. De uma forma resumida, é fazer o *"walk the talk"*, é transformar o provérbio em "Faça o que eu mando e faça o que eu faço."

Nas sessões de *coaching* e aconselhamento parental, é frequente dizerem-me que gostariam que os filhos fossem mais assertivos. Alguns pais conhecem bem o preço elevado que se paga quando não se é claro e não se é assertivo.

Ser assertivo é termos a coragem de nos colocarmos à frente (se quiser chamar isso de ser egoísta, pode chamar! É um egoísmo do bem e já explico por que), sem nos sentirmos culpados e respeitando o outro enquanto nos respeitamos também.

Dizermos, por exemplo, que não vamos à academia porque temos que ficar com as crianças pode nos custar muito caro. Há momentos – cada um sabe e conhece os seus – em que o fato de escolhermos passar para o segundo ou terceiro lugar nos transforma, aos poucos, em pessoas amargas. Deixamos de existir para permitir que o outro exista. Simultaneamente, ao fazê-lo, estamos enviando a mensagem de que, afinal, não somos assim tão importantes porque somos os primeiros a nos tirar o valor.

Por isso, é determinante que possa identificar aquilo que precisa para equilibrar as diferentes esferas da sua vida e que passe a falar, tendo a coragem de dizer claramente o que pretende. Mesmo ao seu filho.

Exemplo:

Criança: *"Mãe, posso recortar as imagens que estão neste livro?"*
Mãe: *"Estas imagens, deste livro?"*
Criança: *"Sim!"*
Mãe: *"Filha, este é um livro de leitura e é meu. Naquele móvel estão os livros e as revistas que você pode recortar. Vai lá ver!"*
Criança: *"Então não sou mais sua amiga"* (cruza os braços zangada).

Mãe: *"Você queria mesmo este livro, não é? Mas eu não posso deixar você fazer isso no meu livro. Vamos ver o que há aqui neste móvel"* (direciona a criança nesse sentido).

Criança: *"Então, se não vou fazer recortes neste livro, você tem que me dar um pedaço de chocolate."*

(Isso se chama chantagem – e se eu identifico isso como uma quebra na confiança da relação que estabeleço com os meus filhos, devo dizê-lo rapidamente.)

Mãe (incrédula e zangada): *"Como é? Está fazendo chantagem comigo? Eu não deixo você fazer uma coisa destas comigo!"*

Criança: *"Ah, mãe, não estava falando sério..."*

Mãe: *"Ah, não? Pois olhe que achei que você estava falando muito sério."*

Quando nos sentimos invadidos, é importante que possamos dizê-lo de forma clara:

"Como é? Está fazendo chantagem comigo? Eu não deixo você fazer uma coisa destas comigo!"

Ao assumirmos o nosso espanto e, neste caso, mostramo-nos zangadas, até desapontadas, dizemos à criança que encaramos de frente as situações, sobretudo aquelas que põem em causa os nossos valores mais importantes.

Por outro lado, o tom tem que combinar com as palavras. Se eu estou zangada, desapontada, ou chateada, o meu discurso tem de estar em sintonia com aquilo que eu digo. Dizer tudo isto muito baixo, com um ar doce, não faz sentido e certamente tira o impacto da mensagem que queremos transmitir, além de confundir a criança: o discurso não é coerente e a linguagem verbal não combina com a linguagem corporal, nem com o tom.

Ainda assim, não preciso gritar nem ser agressiva. Expresso e explico como me sinto e também o que quero.

É interessante percebermos que, quando falamos a nossa verdade, não invadimos os outros.

Muito se fala em sermos assertivos, mas a verdade é que a maior parte de nós, quando faz uso desse direito (obrigação), **engana-se e é agressivo**!

Ser assertivo nada tem a ver com o outro e tem tudo a ver conosco, porque é o momento em que falamos sobre a *nossa* verdade e falamos sobre as nossas necessidades, sentimentos e sobre a forma como estamos lidando com a situação.

"Você é um tonto!" não é assertividade.
"Você não muda nunca!" não é assertividade.

"Detesto quando você chega atrasado porque me sinto desrespeitada" é assertividade.
"Fico nervosa quando você grita comigo e gostaria que você não fizesse isso" é assertividade.

Assertividade implica:
- Autoconhecimento e noção dos sentimentos e emoções.
- Pausa e noção do que se pretende.
- Dizer o que se pretende e o que se tem a dizer, no momento certo e à pessoa certa.
- Mudar de ideias.
- Coragem.
- Falar na primeira pessoa ("detesto", "fico nervosa", "fico irritada"...).

Assertividade rima, portanto, com coragem. Implica que eu me ponha à frente e, sem nunca ter que agredir o outro, "coloque-se em primeiro plano" e assuma as minhas vontades e desejos, num ato egoísta, mas justo (sim, egoísta e justo!).

Se é fácil? Claro que não! É uma questão de treino, mas é sobretudo uma questão de se autorizar a se colocar em primeiro lugar. Depende, por isso, da sua autorização.

Quando somos assertivos, falamos a nossa verdade, enunciamos o que desejamos e a forma como nos sentimos, fazendo uso de uma comunicação não violenta (CNV). A comunicação não violenta, à semelhança daquilo que é a Educação e Parentalidade Positiva, tem por base o respeito mútuo das pessoas que se relacionam. É clara, franca e justa, não fazendo uso de humilhações, chantagens ou outras estratégias menos dignas. Ninguém nasce ensinado e a forma como nos comunicamos uns com os outros tem muito a nos dizer. Implica, por isso, treino e reflexão; mas vale tanto a pena! Por você e também por aquilo que estamos ensinando às crianças.

Caso: o meu filho é muito influenciável
Idade da criança: **8 anos**
O meu filho é muito influenciável. Hoje quer a mochila deste, amanhã já quer daquele e hoje gosta de uma coisa e amanhã de outra. Não sei o que pensar e tenho receio que isto aconteça noutros aspectos da vida, quando for adolescente.

A forma como educamos tem um impacto grande na vida das crianças, mas também é importante lembrar que cada um deles tem a sua natureza e forma de ser e que não conseguimos mudar a natureza seja de quem for. Isso é uma escolha e um trabalho da própria pessoa. Quanto à preocupação da mudança de gostos e de ele ser muito influenciável... descanse, isso é próprio desta idade, uma vez que eles começam a identificar-se cada vez mais com os amigos e desejam ser todos iguais. O importante é que possa escutar o seu filho como deve ser, dar pouco a sua opinião e orientá-lo com perguntas que encontra no Capítulo 3 deste livro e que lhe serão muito úteis. Quanto mais ele encontra as respostas sozinho, menos influenciável se torna. Um dia de cada vez. De resto, não há nada que você possa dizer ou fazer para o influenciar (também tem esse desejo?), manipular ou controlar. O seu objetivo será ajudar o seu filho a descobrir a sua voz interna e ajudá-lo a escutar-se e a diferenciar o que está certo do que está errado.

4.2 Escuta ativa

Para estabelecermos uma comunicação como deve ser com os nossos filhos, é importante que saibamos escutar. Escutar não é o mesmo que ouvir. Ouvir todo mundo é capaz de fazer. Mas escutar o que se diz e o que não se diz é uma arte que junta, no mesmo exercício, atenção, amor, empatia e um desprendimento muito grande para não se julgar ou se sentir ameaçado (como no exemplo anterior, da mãe que queria ir comprar as chuteiras para o seu filho). A escuta ativa não é uma forma de se manipular o outro nem tampouco de repetir o que foi dito. Escutar com empatia e de forma ativa é, segundo Marshall B. Rosenberg, "uma compreensão que tem por base o respeito por aquilo que o outro está sentindo. Em vez de nos lembrarmos de escutar de forma empática e ativa, temos uma grande tendência em aconselhar ou dar a nossa opinião. A escuta empática, no entanto, convida-nos a limpar a nossa cabeça e a escutar de forma inteira".

Talvez o motivo principal que impeça uma mãe de escutar o seu filho tenha a ver com a crença de que, quando o escuta, está dizendo que sim à necessidade do filho ou a entrando numa espécie de negociação que ela não deseja. Na verdade, muitas vezes basta escutar o que está sendo dito para a real necessidade obter resposta. A real necessidade é, majoritariamente, ser escutado. Apenas isso.

Exemplo 1

Filho: "Mãe, já disse que não vou embora! Não quero ir para casa. Vou ficar aqui!"

Mãe: "Você não fale assim comigo, Pedro Henrique. Venha cá, peça já desculpa e vamos embora para casa! Lá embaixo vamos conversar melhor. Agora nem mais um pio!"

Exemplo 2

Filho: "Mãe, já disse que não me vou embora!"

Mãe (sorrindo): "Deve ter sido uma festa e tanto para você não querer ir embora. Foi?"

Qual é a diferença nos dois exemplos?

A diferença está no fato de a mãe ter sabido escutar exatamente o que o seu Pedro Henrique estava dizendo. Não se sentiu ameaçada na sua autoridade parental, não se sentiu humilhada – ao contrário, estava satisfeita por ver que o filho se divertiu.

A escuta ativa tem, por isso, muitos benefícios. Se, por um lado, promove uma relação mais positiva entre pais e filhos, por outro, ajuda a criança a sentir-se aceita e com menos medos e receios. Ela sente-se "vista" e valorizada.

Simultaneamente, ao fazer uso desta ferramenta, os pais estão potencializando a resolução de problemas por parte das próprias crianças que, por se sentirem valorizadas, sentem-se capazes de gerenciar de forma mais eficaz as suas vidas.

Finalmente, porque tudo o que fazemos é visto e copiado pelas crianças, ao escutarmos ativamente os nossos filhos, ao olharmos para eles com atenção e ao espelharmos exatamente aquilo que eles querem nos dizer, estamos também ensinando-os a escutarem ativamente.

Do que mais precisa para fazer uma excelente escuta ativa?
Antes de tudo, precisa ter tempo para escutar, de forma genuína, a criança, procurando aceitar os sentimentos da criança (como já sabe, os sentimentos não têm nada de imoral – são amorais). Não precisa verbalizar – há a linguagem não verbal que tantas vezes tem mais impacto do que todas as palavras que possamos dizer. Não sabe o que dizer quando escuta ativamente? Mas se está escutando, tem mesmo que falar? Pode ter que falar, sim! E há frases que abrem portas – anote-as mentalmente e, sempre que as disser, mostre-se realmente curioso!

> *"Sério?"*
> *"Gostaria de saber mais."*
> *"O que você pensa sobre isso?"*
> *"Conte-me tudo!"*
> *"Continue, estou ouvindo."*
> *"Deixe-me parar de fazer o que estou fazendo. Quero ouvir com toda a atenção."*
> *"Que interessante..."*
> *"Hmm..."*
> *"Oh! Não me diga!"*

A escuta ativa é uma forma de linguagem que aceita o outro, o que não quer dizer que se permita ou se aceite o pedido. Mas, quando escutamos plenamente e sem filtros, estamos permitindo que o nosso filho se expresse livremente junto de nós – e é justamente este sentimento de "porto seguro" que as crianças precisam ter e os pais gostam de ser.

4.3 Falar a verdade

Uma mentira aqui e outra ali não abalam a relação nem a forma como uma criança se desenvolve. É possível que seja verdade. Mas falar a verdade a uma criança ajuda-a a crescer de forma mais segura (já chegaremos lá), além de ser também uma questão de princípio para os pais. E este princípio existe ou não;

não acredito que haja meio-termo. Quando tomamos consciência da importância e da urgência de se educar para a felicidade, falar a verdade às crianças é, claramente, o ponto de partida para tudo, uma vez que é aqui que começa a noção de respeito mútuo.

Qualquer criança, esteja ela em que idade estiver, tem o direito e é também merecedora da verdade. E quando lhes dizemos a verdade, "deixamos de escanteio" o silêncio mentiroso, as distrações piedosas ou as frases enganosas que criam angústias, falsas expectativas e uma obediência que assenta no medo de uma coisa que não se sabe exatamente o que é nem se domina. A verdade permite que qualquer criança se construa de forma plena.

Na verdade, é imprescindível que consideremos os nossos filhos como pessoas sensatas, respeitáveis e capazes de entenderem o que lhes dizemos, de forma adaptada à idade, sem, no entanto, os tomarmos por adultos pequenos ou mais maduros do que aquilo que realmente são. A esta altura, é natural que o leitor se pergunte "em que idade posso começar a ter este tipo de diálogos com os filhos". A minha resposta é só uma: desde o primeiro dia – como disse, é uma questão de princípio, é um valor entre muitos outros que cada família tem. Começa no primeiro dia da nossa relação com eles.

O que digo acima é apoiado por uma série de psicólogos, psiquiatras e especialistas em desenvolvimento infantil. Por exemplo, no livro *The Whole Brain Child*, os autores contam a história de um menino de 2 anos que ia de carro com a babá. A senhora teve um AVC, o carro saiu da pista e, embora ele não tivesse tido nada, o susto foi grande: o acontecimento do acidente, o som da ambulância e dos bombeiros que retiravam a babá desacordada, assim como a aflição das pessoas que assistiram, são ingredientes demais para serem digeridos por uma criança.

O que a mãe dele fez, quando chegou ao local do acidente, foi extraordinário. Em vez de dizer "veja, veja, o que eu trouxe! O seu boneco favorito e um pão doce! Vamos embora, já está tudo bem", pegou no filho e explicou-lhe o acidente, fazendo a integração dos diferentes lados do cérebro (reveja o Capítulo 2 deste livro para relembrar estes conceitos). Explicou-lhe que ele tinha estado num acidente e que aquilo fez "catapum" e que deu voltas e que é natural que ele tenha tido medo. Mostrou-lhe o carro, mostrou-lhe a sua própria preocupação e medo e abraçou-o dizendo que estava feliz por ele estar bem. Disse-lhe que a babá tinha sido levada para o hospital e que esperava que tudo corresse bem. Uns dias mais tarde levou-o ao hospital para visitarem a senhora. Ao fazer a integração do que o filho viu, viveu e sentiu, a mãe ajudou-o a compreender o que tinha acontecido. Pensar que uma criança desta idade não compreende é muito redutor – ela pode não entender tudo, mas viveu estes acontecimentos e precisa da ajuda e do apoio do adulto para "digerir" tudo. Negar ou fazer de conta que nada aconteceu pode ter um efeito contrário, mais cedo ou mais tarde.

CASO:
A Ana tinha 4 anos quando a avó morreu. Era normal passar as tardes na sua casa, antes de os pais a irem buscar, no final do dia. Nesse dia, deixou de ter acesso ao andar de cima da casa, só podia ficar na cozinha e não tinha autorização para sair dali. Percebeu que alguma coisa tinha acontecido, mas não conseguia perceber se era grave ou não. Ninguém falava com ela; ela ainda se lembra que tinha a impressão de não existir. Desde esse dia que a Ana nunca mais viu a avó, mas também não lhe disseram que ela tinha partido. E durante anos, a Ana recordou a porta daquela cozinha como uma barreira – ela não podia passar, não podia abri-la, mas não conseguia compreender mais nada. E foi assim durante anos, até que muito mais tarde, já aos 20 e tantos anos, conseguiu juntar as peças todas – as que já não estavam claras na memória, com o que escutou numa conversa à mesa de um casamento. A avó estava doente, tinha piorado em três dias e acabara por falecer. Aos 20 e tantos anos, a Ana entendeu que a avó não tinha, de fato, desaparecido – era esse o sentimento que ela tinha dentro dela embora nunca o tivesse racionalizado – a avó tinha falecido, mas ninguém lhe dissera – supostamente para a proteger e porque, afinal de contas, ela era pequena, não ia entender e, em pouco tempo, esqueceria aquele familiar. A prova é que, muito perto dos 30 anos, a Ana não tinha ainda compreendido o que de fato tinha acontecido naquele dia.

4.4 A linguagem não violenta

A linguagem não violenta foi desenvolvida por Marshall Rosenberg e é todo um maravilhoso mundo porque "cria ligações humanas que potencializam a compaixão no dar e no receber". Ao longo das últimas páginas, você foi descobrindo formas de comunicar e de se relacionar com os seus filhos, com base naquilo que vê, procurando colocar a avaliação negativa de lado, diferenciando os sentimentos das ações e das pessoas e compreendendo que todos temos necessidades e formas de comunicar essas necessidades que nem sempre são as melhores. É justamente quando conseguimos ver mais longe que estamos criando laços mais fortes com as nossas crianças.

A linguagem não violenta pega esses conceitos todos e leva-os mais longe, atribuindo a responsabilidade e a qualidade das nossas relações uns com os outros a cada um de nós, porque nos ensina a escutar o outro e a fazer autoescuta. Na verdade, a beleza da comunicação não violenta é que, como se pode ler no *site* www.nvc.com, ela não traz nada de novo, apenas nos recorda de que, como seres humanos, existimos para nos relacionarmos de forma responsável e com compaixão uns com os outros.

4.4.1 Como usar a linguagem não violenta no dia a dia com os nossos filhos?

Se o respeito mútuo é uma das bases da CNV, a outra talvez seja a necessidade, que teremos de ter a partir de agora, de não levarmos tudo tão a ferro e fogo.

A CNV não usa:
- A culpa: *"A culpa é dela!"*
- Exigência desmedida: *"Se você não fizer isso, vai se arrepender!"*
- Etiquetas: *"Você é ruim e ele é bobo e você é um tonto!"*
- Julga: *"É sempre a mesma coisa. Eles são maus e ela é que é boazinha."*

Para começar a usar de forma efetiva a CNV, passe a expressar o que sente.

O QUE NORMALMENTE DIZEMOS	CNV (FALO SEMPRE NA 1ª PESSOA)	O QUE ACONTECE?
– Pare de bater com o pé na minha cadeira, que me irrita!	– Estou ficando irritada. Pode parar com isso?	Eu é que fico irritada – não é a criança que me irrita. Parece um detalhe, mas faz toda a diferença no momento de comunicar esta informação. A criança terá mais vontade de cooperar porque não está sendo acusada.
– Você é um mal-educado! – Por que você disse à senhora que ela é feia?	– Sinto-me tão envergonhada com o que você acabou de dizer à senhora... é nestas situações que me questiono se o eduquei como deve ser.	A maior parte das crianças não tem mesmo a noção de que podemos morrer de vergonha com falas destas. Acredite que ele perceberá o impacto das escolhas que faz, na vida dos outros, quando lhe diz isso e decide não "atacar" nem "etiquetar".

O motivo para deixar de lado esse tipo de linguagem tem apenas a ver com o fato de ela afastar as pessoas umas das outras, fazendo com que se sintam agredidas, ameaçadas e, por isso, procurem defender-se. Na verdade, encontrar quem são os culpados numa guerra de irmãos não é o objetivo de nenhuma família – o objetivo é encontrar estratégias para que as crianças possam conviver e administrar as suas guerras.

Comunicar de forma não violenta transforma as relações que têm por base as acusações, as críticas, em relações serenas, honestas e verdadeiras. E não é utópico nem impossível. Conheço muitos lares onde é assim e, por isso, não há motivo nenhum para que não possa caminhar nesse sentido. Leva o seu tempo, mas essa é a beleza da transformação.

4.5 Para ir ainda mais longe

Acredito que a maior parte dos pais deseja um lar onde se fale com calma, ainda que com muita alegria. Acredito que a maior parte de nós deseja filhos que nos falem com meiguice, que nos escutem com atenção e que nos tenham como pessoas que existem para potencializar o que de melhor eles (e nós também!) têm. Então, o que está esperando para escutar com atenção, falar com meiguice e olhar com respeito? Se deseja tudo isso, é da sua responsabilidade começar já a ser assim. Ou vai ficar à espera que o façam para depois começar? Acha mesmo que isso vai acontecer?

Além de usar a comunicação não agressiva, ensine responsabilidade e respeito noutras esferas da vida e a forma como as decisões individuais podem ser escolhidas, tal qual como a forma como nos comunicamos uns com os outros. Quando treinamos a comunicação não agressiva, mais próximos estamos de um lar mais sereno e onde todos temos vontade de estar. Sabe aquelas famílias em que os filhos adolescentes gostam de estar com os pais e os pais de estar com eles? Essas famílias usam (conscientemente ou não) este tipo de linguagem, escutam-se e têm uma profunda admiração uns pelos outros porque se respeitam.

Outros exemplos para o inspirar

"Que chatice ter de levar esta goma de mascar na mão... alguém está vendo uma lata de lixo por aí?"

"João, já viu que o tempo mudou? Dizem que vai chover à tarde. O que é que lhe falta?"

"Você se esqueceu da mochila da escola na piscina? Da próxima vez que você estiver na piscina ou no campo de futebol, quando vier embora, lembre-se sempre do que levava com você quando chegou, combinado?" (Neste caso, é aconselhável treinar a criança durante as semanas que se seguem, para que ela ganhe o hábito – sim, disse "treinar!" É assim que se aprende.)

O QUE VOCÊ APRENDEU NESTE CAPÍTULO

- Falar positivo tem muitos aspectos e não se reduz ao não utilizar a palavra "não".
- Alguns pais, por terem receio de perder a sua autoridade parental, usam estratégias que criam medo em vez de cooperação. Felizmente, existem outras ferramentas.
- Esquecemo-nos, com muita frequência, de criar oportunidades para dizer que sim.
- Falar a verdade, sempre. A criança não pode fazer barulho porque está num local onde é preciso fazer silêncio – não lhe diga que vem aí a polícia ou que Jesus está vendo.
- Adapte o discurso ao seu filho – a verdade não pode ser adaptada.
- Escutar é uma arte – quantas vezes não compreendemos aquilo que está realmente sendo dito?
- Escutar é uma arte e, como tal, é preciso treino. Só depende de você.

5

QUEM MANDA AQUI SOU EU!

"Quando um dia eu tiver um filho, estas coisas não acontecerão! Estes pais não sabem qual é o seu lugar e depois admiram-se por terem reis em casa."

Se um dia você já disse isso e agora morde a língua, está na hora de virar a página. Se leu o livro de cabo a rabo, é aqui que vai juntar todas as partes.

Vamos lá!

O QUE VOCÊ NÃO VAI ENCONTRAR NESTE CAPÍTULO

Formas de mudar o seu filho

Se é verdade que 50% das nossas características são herdadas geneticamente, também é verdade que a qualidade da relação que estabelecemos com os nossos filhos e o tipo de experiências que eles vivem determinam a pessoa que vão ser. Por isso, concentre o seu foco nas experiências que você lhes proporciona e que ensinam muito, mas muito mais do que sermões, castigos, *timeouts* e chineladas.

Formas de punir o seu filho

Eu não acredito em castigos nem em punição. Também não acredito que seja quem for aprenda, realmente, com base na dor e no sofrimento. Obtemos melhores resultados quando envolvemos a criança e quando ela conhece as consequências das suas ações e decisões. Torna-se responsável pelo comportamento que decide escolher. E sim, mesmo em crianças pequenas de apenas 2 anos. As consequências educam para a responsabilidade e para a felicidade e eu conto tudo nesta parte do livro.

Jane Nelsen pergunta, e bem: "Onde fomos buscar a ideia louca de que, para educar uma criança, temos de fazê-la sofrer?"

Formas de se distanciar do seu filho

Quanto melhor for a relação que temos com o nosso filho, maior é a vontade que ele tem de cooperar conosco. E o inverso também é verdade. É o famoso "ciclo vicioso". A relação que desenvolvemos é madura, sem que tenhamos a necessidade de brigar o tempo todo, de gritar e até de ameaçar. **Comportamento gera comportamento.**

5.1 Para educar uma criança é necessário fazer um curso?

Para educar uma criança é necessário fazer um curso?, pergunta a sua amiga que não consegue entender o que leva você a frequentar um *workshop* sobre Educação e Parentalidade Positiva. Nesse mesmo *workshop*, uma mãe confessa que está ali para saber como se educa para que o filho obedeça sem grande estresse ou rodeios.

As questões que se levantam nestes encontros são pertinentes. E podemos dar mais uma contribuição e formular outra questão: *Será que os pais mandam menos, hoje em dia?*

A família atual é muito diferente da família da época dos nossos pais, simplesmente porque as mudanças dos últimos anos foram enormes. Os valores são diferentes, a forma como nos colocamos no papel de pais é diferente. O conceito de família não mudou, continua a ser estrutural, mas o que se alterou foi essencialmente a forma como estamos em família e os papéis que cada um de nós assume.

A geração atual de pais está em transformação. E essa transformação tem a ver com a evolução da "noção de si" e de uma crescente autoconsciência dos diferentes papéis que temos na nossa vida. Antigamente, pai e mãe não questionavam a sua autoridade ou a forma como educavam os filhos. Viam-se como aqueles que tinham de "dar educação", e isso passava pela obediência da criança, que se queria amável e cortês. Um filho malcriado era sinônimo de uma casa sem comando e cujos pais tinham falta de firmeza e de autoridade.

O comportamento inadequado do filho significava, então, um fracasso da própria família. E, embora hoje em dia continuemos a sentir que, quando os nossos filhos falham, essa responsabilidade também pode ser nossa (não quer dizer que seja – quer dizer que em certos momentos nos sentimos assim), compreendemos também que autoridade e firmeza são noções que misturam outras, como a de vínculo familiar, sentimento de *tribo*, responsabilidade, autonomia e cooperação. Recusamo-nos a responder com o "porque sim" ou "porque eu sou o seu pai". Em algum momento na nossa infância e na nossa adolescência dissemos a nós mesmos que não iríamos fazer isso aos nossos filhos e, portanto, fugimos desse papel que tanto criticamos no passado. Simultaneamente, sabemos que, quando conseguimos ganhar a cooperação e a boa vontade dos nossos filhos, não só estamos trabalhando a questão do vínculo, como também estamos criando uma imagem de autoeficácia tão positiva, que a nossa autoestima sobe rapidamente.

5.2 A verdadeira missão dos pais

Cada vez mais educadores veem a educação autoritária como algo desprestigiante. Podemos não ter a certeza do caminho, e frequentemente usamos o estilo de educação "uma no cravo e outra na ferradura", mas sabemos que não queremos fazer uso do modelo educativo que conhecemos na nossa própria infância. O motivo? Como a maior parte dos jovens pais, sentimos que podemos e queremos ser melhores do que esse modelo e que os nossos filhos merecem que possamos dar o melhor que temos em nós. Acima de tudo, a nova geração de pais está mais atenta e desperta para estas questões. Felizmente há também mais estudos feitos, mais informação disponível e maior facilidade de compartilhamento. Sabemos bem que a forma como nos relacionamos com os filhos é determinante para as questões da autoestima da criança e da própria autoridade parental. A grande pergunta é: *como equilibrar firmeza, justiça, amor e ter dias tranquilos? Como ter os filhos obedecendo de forma natural e sem grandes esquemas, num misto de respeito, amor e autoridade parental?*

Antes de continuar, convém compreender o que entendemos por respeito, amor e autoridade parental, porque, na verdade, é comum misturamos esses termos.

Voltamos à pergunta que aquela mãe fez: "Como fazer com que os meus filhos obedeçam naturalmente, sem grandes esquemas ou questões?"

Essa é uma vontade legítima, sobretudo quando já esgotamos todos os recursos do nosso repertório, quando já explicamos tudo tintim por tintim e quando já berramos bem alto, não fosse o menino ter desligado, momentaneamente, o "andar de cima". Sentimo-nos cansados, exaustos, desautorizados, um pouco mal-amados e até desrespeitados. E o respeito é a base de uma educação que se quer positiva, que mostra o apreço que é mútuo e que coloca a convivência num estado saudável, tornando as relações mais fáceis e felizes. Como se faz, então?

Lamento ter más notícias, mas a verdade é que não se faz. Não há nenhum truque, palavras mágicas ou pós de pirlimpimpim. A criança faz aquilo que deseja fazer. E agora? Agora continue lendo e vai ver como pode ser mais fácil do que parece.

Em termos da Educação e da Parentalidade Positiva, o respeito liga-se à aceitação da natureza dos indivíduos que nela participam, nomeadamente da criança. E o respeito está também ligado à noção de autoridade. Quando somos autoridade numa determinada área, significa que sabemos o que estamos fazendo. Por esse motivo, influenciamos e inspiramos os que estão à nossa volta. Nesse sentido, não necessitamos recorrer a métodos menos dignos que são tão humilhantes para a criança quanto para nós, que fazemos uso deles.

É verdade que isso não garante a obediência da criança, mas, quando ela sente que o adulto que a educa e que trata dela sabe o que está fazendo, então, ela não tem dúvidas e não se questiona sobre a sua autoridade, porque ele também não. Por outro lado, é natural e até saudável que uma criança não obedeça sempre, porque isso significaria que ela nunca põe nada em causa, nem questiona o mundo que a cerca. Não é isso que deseja para os seus filhos, não é?

5.3 Por que os filhos não obedecem, naturalmente, aos pais?

Há uma série de razões que explicam por que uma criança obedece naturalmente a um pai e outras tantas que explicam por que não o faz. O que torna toda essa questão interessante é verificarmos que esses motivos pouco ou nada têm a ver com autoridade como a vemos tradicionalmente, mas sim com o sentimento de legitimidade que mora no pai e na mãe enquanto exercem a sua função parental. É determinante que os pais se autorizem, antes de tudo, a serem pais dos seus filhos. Não são as pessoas à nossa volta que o vão fazer – estou falando de uma autorização muito íntima e que reside na consciência que o pai tem acerca da importância do seu papel. E este papel vai pôr em equilíbrio, por exemplo, a frustração da sua filha por não ter conseguido ficar vendo televisão até mais tarde com a consciência que o adulto tem da importância do sono na vida dessa criança. No entanto, não é apenas a criança que gerencia a sua frustração. O pai também tem a sua parcela e terá que fazer a sua gestão, igualmente.

Caso: repito 10 vezes a mesma coisa e, mesmo assim, ele não me obedece

Idade da criança: **6 anos**

Como eu faço para que a minha filha cumpra uma ordem sem que eu tenha de repetir 10 vezes, ou sem berrar na terceira vez? Há alguma técnica que possa usar sem ser a da consequência (por exemplo, se não vai logo escovar os dentes, fica sem a história porque depois já é tarde para dormir). Ao mesmo tempo, e quando é para se deitar, ela ora diz que tem sede, ora diz que falta o boneco, ora que tem medo do escuro... levanta-se e vem ficar conosco na sala...

É verdade que, aos 6 anos, uma criança já está apta para cuidar de si mesma e ser capaz, inclusive, de se deitar sozinha. O carinho dos pais é, no entanto, fundamental para a questão dos afetos e da segurança emocional, além de ser delicioso!

Respondendo de forma direta e clara à sua questão, não há nada que justifique o fato de ter que repetir uma ordem três vezes à sua filha, muito menos 10. Aos 6 anos, e mesmo antes, enunciamos a regra, confirmamos que ela a entendeu e, sendo justa, iremos contar certamente com a sua cooperação. Se a regra é que às 21h ela vá para a cama, numa fase inicial de habituação é importante que os pais estejam por perto e possam zelar para que isso aconteça. Depois, é da responsabilidade da criança fazê-lo – educar é também ensinar a autonomia. A forma como lhe explica a consequência também faz diferença (verá mais à frente nesta parte do livro as diferentes fases das consequências). Quando vir que as coisas estão a sair dos eixos, diga-lhe simplesmente: "Como é, são dez para as nove. Eu queria muito continuar lendo a história que começamos ontem. E você? Vai ficar escovando os dentes até às 9h, é isso? Você é quem sabe. Vou fechar as persianas dos quartos. Quando eu passar no seu quarto, se você estiver lá, vou saber que você quer continuar a história."

Ao dizer que queria continuar, está dizendo à filha que essa é uma atividade que também gosta de partilhar com ela – e não um favor que lhe faz. Na verdade, o momento da história parece ser negociado como uma obrigação em vez de um momento de vínculo e prazer. Depois, se ela não estiver... paciência! Ela é que decidiu. Isto é firmeza – ser coerente com o que se disse e responsabilizando, de forma não humilhante, a criança.

Os três outros grandes motivos que explicam o fato de as crianças não obedecerem naturalmente aos pais têm que ver com a questão da **evolução cerebral**, com a questão das **necessidades individuais** e com a questão do **vínculo parental**.

SIGNIFICADO DE OBEDIÊNCIA

Obediência significa realizar uma tarefa de acordo com as ordens de uma figura de autoridade. Significa que mudamos o nosso comportamento a pedido dessa figura.

Provavelmente, como pais, o que pretendemos será um pouco diferente. É possível que, em vez de obediência, procuremos cooperação e que a criança mude o seu comportamento porque entendeu os benefícios e os resultados que tem ao adotar um outro comportamento que lhe traz mais vantagens.
É ela que chega a essa conclusão sozinha.

5.3.1 A questão da evolução cerebral

O primeiro motivo leva-nos à *evolução do cérebro*. Sabemos que o cérebro só fica "fechado" quando o seu utilizador atinge os 23 anos (com 1 ano o que fecha é a moleirinha). Sabemos também que a parte que está mais avançada nos primeiros anos de idade, em termos de construção cerebral, é a parte onde "moram" as emoções e que neste livro chamamos de *andar de baixo* do cérebro. Isso quer dizer que uma criança de 6 anos tem maior dificuldade em administrar as suas emoções e em tomar melhores decisões do que um adolescente de 15 – são "campeonatos" diferentes! A área do córtex pré-frontal, que é onde se faz a filtragem das emoções, está ainda em obras de construção.

Então não há nada a fazer?
Claro que há! É ensinando o filho a gerenciar as suas emoções, frustrações e ansiedades, que vai trabalhando competências como a autorregulação.

Autorregulação é a capacidade que a criança tem de acalmar-se sozinha. E quando está calma, consegue e tem disponibilidade emocional para escutar o que o adulto tem para lhe dizer e, assim, deixar-se orientar por ele. Repare que, para que a criança consiga se autorregular sozinha, tem que aprender a fazê-lo, numa fase inicial, com ajuda. E essa ajuda vem dos pais. (Para mais detalhes acerca da evolução cerebral e da gestão das emoções, leia também os Capítulos 2 e 3 deste livro.) Na verdade, e como já sabe, é a qualidade das experiências que a criança tem que é determinante para a construção cerebral e para o desenvolvimento da sua Inteligência Emocional.

COMO AJUDAR O SEU FILHO A SE AUTORREGULAR

Faça com ele um barquinho de papel. Depois, coloque-o em cima da barriga dele e peça-lhe para respirar fundo. Cada respiração vai ser como uma onda que vai levar o barco mais acima e mais abaixo.

Depois, nos momentos de tensão, peça-lhe para respirar fundo, como se estivesse fazendo o barco navegar.

Variante:

O Jogo do Sino – amarrar um sino ao tornozelo ou ao pulso e pedir à criança que se desloque sem que o sino toque. É uma excelente forma para se focar no movimento e no corpo, além de trabalhar a concentração. Feito com alguma regularidade, permite que o cérebro reconheça rapidamente o estado pretendido e coopere na autorregulação.

5.3.2 Uma questão de agendas

É exatamente nos dias em que tem que sair mais cedo de casa que as coisas vão demorar mais tempo. Parece até que, quanto mais você grita e ameaça, mais as coisas andam devagar. Não se engane: não é a criança querendo provocá-la. Seguramente o seu filho está nervoso e ansioso com tantas chamadas de atenção e broncas logo de manhã. E talvez por isso não consiga escolher o comportamento mais adequado. É possível que ele fique agitado e com medo. E é também possível que ainda não tenha acordado totalmente. Mas a verdade é a seguinte: eles não estão nem aí para as nossas agendas. E é bem provável que nem as conheçam. Já se lembrou de lhe explicar que não gosta, não quer ou não pode chegar atrasado ao trabalho? Já lhe explicou, com calma e agachado ao lado dele, que nos dias de chuva têm que sair mais cedo para garantirem que arranjam estacionamento em frente à escola e não se molharem? Trabalhar de forma séria o sentimento de pertencimento do seu filho é determinante para que ele queira ajudá-lo a sair de casa na hora e com calma. Como? Passe-lhe a bola e torne-o responsável por isso, de uma forma divertida. E se acha que autoridade e obediência rimam com cara de mau, então, continue lendo. Vou provar que educação e autoridade têm a ver com vínculo e cooperação.

Caso: sair de casa de manhã, na hora certa
Idade da criança: **3, 5 e 9 anos**
Demoro todos os dias duas horas para sair de casa, de manhã, desde quando acordo até o momento em que coloco o cinto de segurança no filho do meio (o mais velho já faz isso sozinho). Para sair de casa entre as 8h e as 8h10, preciso acordar todos os dias às 6h da manhã. Ora, indo para a cama perto da meia-noite, significa que estou acabada e que às 7h da manhã começa a gritaria lá em casa. Eles não querem sair da cama, depois brigam no café da manhã, mudam de ideia em relação à roupa que vão vestir e distraem-se com os brinquedos em vez de irem lavar a cara e escovar os dentes.
Como lhes ponho na cabeça que de manhã é para correr a maratona?

A hora da saída de casa, de manhã, pode ser muito estressante e temos dias em que, depois de os deixarmos na escola, a única coisa de que precisamos é voltar para a cama. A cara de mau de manhã parece até criar mais tensão e é difícil obter os resultados que pretendemos, e que são sair na hora certa, vestidos e lavados, com os lanches e as mochilas nas costas, e sem correrias. Para ter tudo isto, não precisa se chatear com eles e, se seguir cada um dos pontos seguintes, prometo-lhe que consegue dar um beijo e um abraço nos filhos quando os deixa na escola, como também lhe garanto que chegará mais feliz ao trabalho. (Leve uma cópia destes pontos para o emprego e afixe-a – o objetivo é ter colegas sem estresse matinal.)

1. Deitar cedo
Parece elementar, mas não é tão simples assim de acontecer. As crianças, mesmo as que já são grandes, precisam dormir, e, quanto mais cedo forem para a cama, melhor. Primeiro, porque o cérebro precisa "fechar" e processar toda a informação daquele dia. Segundo, porque o provérbio português está mesmo certo: "deitar cedo e cedo acordar dá saúde e faz crescer". Finalmente, porque nós também precisamos que eles se deitem para descansarmos ou tratarmos de outras coisas. É a hora do adulto que começa!

2. Acordar cedo
Acorde antes dos seus filhos – é aqui que reside a chave do sucesso. E estando pronta (completamente pronta para sair – com os sapatos calçados) vá acordá-los. Naquele momento, como você está pronta, vai focar-se apenas neles. Não faz mais nada a não ser estar com eles – é aqui que está a diferença –, eles não ficam "à solta" enquanto nós estamos fazendo as nossas coisas. Com o tempo, irão saber de cor o que têm de fazer de manhã, em que ordem, e ficarão independentes, assegurando que saiamos todos na hora.

3. Preparar tudo no dia anterior
Tome banho no dia anterior. Se não der, acorde ainda mais cedo. Deixe tudo aquilo de que precisa pronto na porta de casa. E se o lanche deles precisar de geladeira, deixe-o pronto, dentro da geladeira. Simplifique! A mesa do café da manhã fica posta, a mala, as mochilas, os sapatos, as roupas (deles e nossas) a maleta do computador, as chaves, tudo fica

pronto e no lugar. E se puder deixar coisas no carro, deixe. Nos dias de maior correria, ter disponíveis toalhas de papel no carro é de grande utilidade para limpar os olhos e os bigodes de leite que ficaram por lavar.

4. Acordar cedo (de novo)
Sim, acorde-os mais cedo. Faz uma diferença gigantesca. Podermos estar com eles nos carinhos, dar-lhes a oportunidade de dizerem que não querem sair da cama e permitir que fiquem mais 5 minutos. Enquanto isso, pode aproveitar e dar um arranjo na casa, abrir as janelas do quarto deles e regar as plantas, por exemplo, ou ir fazer a sua cama.

5. Vesti-los primeiro e só depois dar-lhes o café da manhã
Testado e aprovado! Coloque uma bata, babador ou guardanapo, se tiver receio que se sujem, mas essa é a ordem que funciona. Terminaram o café da manhã? Leve-os para o banheiro para escovarem dentes e lavarem rosto, mãos etc. Depois, todos para a entrada da casa para calçarem os sapatos, vestirem os casacos e colocarem as mochilas nas costas.

6. O que falta?
Pense alto e pense com eles: "O que é que falta?" Habitue-os a pensarem assim antes de saírem de casa. Se precisar fazer alguma coisa, deixe-os ficar na porta de casa, sentados em cima do tapete com as perninhas cruzadas e vá fazer o que tem que fazer.

7. Faça tudo novamente, na manhã seguinte
Faça isso tudo e garanto que você sai de casa em paz e as probabilidades de chegar adiantada ao trabalho são enormes. Todos os pontos são relevantes, mas o mais importante parece-me ser, sem dúvida, o número 2.

Para ir mais longe...
Uma cartolina com imagens do seu filho executando as tarefas que têm de ser realizadas todas as manhãs é uma atividade com resultados fantásticos. Aproveite o fim de semana e tire fotografias dele ao acordar,

vestindo-se, tomando café da manhã, escovando os dentes, calçando os sapatos, vestindo o casaco, colocando a mochila nas costas e colocando um pouquinho de perfume, se ele gostar. Imprimam, cortem e colem as fotografias. Dê a ele um despertador e diga que agora é com ele, afinal de contas, ele está cada vez mais crescido e autônomo. E por isso poderá se levantar com a ajuda do despertador. E deixe-se surpreender! Ele vai querer estar à altura e vai querer provar, para você e para ele mesmo, que é capaz. O que vai acontecer? A sua autoimagem vai ficar lá em cima. E isso funciona como uma "bola de neve" do bem. Ao perceber que é eficaz e autónomo, a sua autoestima vai ficar mais sólida porque ela está dependente das experiências de sucesso vividas por ele (e a maior parte dessas experiências somos nós que proporcionamos).

Se quiser elevar o parâmetro, pergunte a ele se estaria de acordo em colocarem horas em cada imagem. Assim, ele sabe que às 7h50 estará na mesa tomando o café da manhã e às 8h05 estará escovando os dentes, por exemplo. Isso faz sentido com crianças que já sabem ler as horas e têm a noção do tempo. Nota importante: fazer essa parte da atividade com crianças que ainda não sabem ler as horas é condenar a atividade ao fracasso e é andar para trás na noção de autonomia e competência, porque não está à altura do seu desenvolvimento. É importante adequarmos a responsabilidade à idade e ao grau de maturidade e conhecimento dos nossos filhos.

Quando somos claros e específicos, e dizemos concretamente que tipo de cooperação necessitamos da parte deles, isso é mais de meio caminho andado para ajudá-los a saber o que devem fazer na situação em que precisamos dessa disponibilidade. Este quadro de tarefas faz isso tudo por nós: é claro, específico e, ainda por cima, tem imagens deles.

E no caso de não funcionar?

No caso de não funcionar, converse com eles num final de dia, num momento calmo (nunca no calor da manhã!). E diga-lhes qualquer coisa como: *"Isto de manhã precisa acontecer de outra forma. Isto não está funcionando nem para vocês nem para mim. Como é que vocês acham que podemos resolver isto?"*
Deixe-os com a responsabilidade. Procure descrever como e o que sente de manhã e veja o que eles respondem. Muitas crianças não fazem ideia de por

que temos de sair de casa logo de manhã, não compreendem por que ficamos tão irritados e por que desatamos a gritar. Mostre-lhes o que o leva a fazer isso e conte com uma resposta muito empática!

5.4 Cooperação e autoridade

Indo direto ao assunto, a questão da autoridade parental tem a ver apenas com a vontade que os nossos filhos têm em cooperar conosco. E só cooperam se se sentirem ligados. A questão do vínculo parental é então determinante para conseguirmos essa cooperação a que muitos continuam a insistir chamar de obediência e autoridade.

A questão do vínculo é, para mim, a mais importante de todas. Nenhuma criança (e nenhum adulto) coopera com outro se não se sentir ligado a ele.

O vínculo é a qualidade da relação que temos com os nossos filhos e a forma como eles se sentem amados. Nenhuma técnica funcionará caso esta relação de vínculo não exista e seja saudável.

Quando uma criança sente que o vínculo existe, ela se sente querida pelos pais. Sentir-se querida é sentir-se escutada com atenção (dê um salto ao Capítulo 4 deste livro e veja a questão da escuta ativa e empática), é sentir que a levam a sério e que os adultos a envolvem na resolução de questões que lhe dizem respeito.

Há pais e educadores que acreditam que a cara feia e os castigos funcionam e que, a longo prazo, não causam qualquer dano na relação, porque, afinal de contas, foi assim que fizeram com eles quando eram pequenos e não parece ter acontecido nada tão ruim assim. É um discurso comum em pessoas que veem a autoridade parental "à moda antiga" e que não conhecem o significado da admiração e do respeito mútuo.

É importante que, enquanto a criança está sendo educada (criança ou adolescente), essa relação de vínculo positivo exista.

Dizer aos nossos filhos que gostamos deles é importante, mas, por mais paradoxal que lhe possa parecer, é vazio e tem pouco valor. A forma como cada criança sente esse amor é diferente, e por isso é importante que tenhamos em conta como demonstramos esse amor. É fundamental que consigamos descobrir como cada filho sente esse amor e se sente na relação que tem conosco. Como pode descobrir tudo isso? Dê um pulo no Capítulo 3 deste livro, à seção das questões. O seu objetivo é que o seu filho possa mergulhar nas suas próprias emoções, à procura de respostas que muito possivelmente nunca ninguém colocou.

Podemos amar e mostrar-lhes que os amamos, mas o mais importante é que eles sintam que fazem parte da sua tribo, que são considerados. Quando acessam os sentimentos que uma determinada experiência lhes provoca, estão em condições para nos dizerem o que os faz mais felizes. É nessa resposta que reside a possibilidade de repetirmos as boas experiências para que eles se sintam mais amados.

Uma boa pergunta para...

... **fazer ao seu filho:** *"Como você sabe que eu gosto de você, meu filho?"*

... **refletir sozinha:** *"Como é que eu lhe mostro e o que faço todos os dias (e sem ser por palavras) que demonstre que gosto de você?"*

É no gesto e na qualidade dos sentimentos dos nossos filhos que cresce o vínculo parental. E esta questão leva-nos ao tema do **amor incondicional**.

Amar incondicionalmente alguém, sobretudo uma criança, é uma frase "batida" e pronunciada por muita gente e, ainda assim, poucos são os que amam, de fato, incondicionalmente. Quando falamos num amor incondicional, falamos num amor sem limites, que não muda e que não é permeável. Quando amamos incondicionalmente, não julgamos: aceitamos o outro, sem reservas e com todas as suas imperfeições, não esperando nada em troca. E amar desta forma é, por isso, difícil, porque é da nossa natureza criar expectativas e ficar frustrado quando não conseguimos o que idealizamos. E isso aplica-se, inevitavelmente, à educação das crianças.

Por esse motivo, não acredito que todos os pais amem incondicionalmente os seus filhos. Há pais que gostam mais dos filhos quando eles não chateiam, quando dormem a noite toda, quando não faltam ao respeito. Embora muito se fale em amor incondicional, essa é uma questão secundária. Educar tem muito pouco de romântico. Pode ser difícil, é cansativo e é altamente frustrante. Mas também tem muitas coisas boas, com um valor inestimável. O papel principal dos pais não é apenas amar os filhos incondicionalmente: é humanizá-los e educá-los para serem adultos felizes, desencanados, com bom caráter e com bons valores humanos. O amor é importante, mas não é só o que faz a diferença. A diferença reside nas experiências que os pais criam, uma vez que é nestas experiências que se transmitem os valores fundamentais que são tão importantes em cada família. A autoridade está por isso ligada à qualidade do vínculo, aos valores que são importantes em cada família e às experiências positivas que são vividas em cada família. Nessas experiências positivas, podem igualmente estar situações em que a criança fracassou. Elas tornam-se, contudo, positivas quando as crianças aprendem, com a ajuda dos adultos, a encará-las e a lidar com elas da melhor forma.

> **FRUSTRAÇÃO**
>
> O sentimento que pais e filhos sentem, com maior frequência, é a frustração. São criadas muitas expectativas, muitos cenários ideais, que nem sempre são possíveis de concretizar. Comece a administrá-los.

Do lado das crianças, a questão do amor condicional funciona de forma diferente. De alguma forma, parece que elas nasceram com um *chip* para amarem, sem reservas, os seus pais. Enquanto são pequenas, o seu maior desejo é serem apreciadas e aceitas. Talvez por isso a sua capacidade em perdoar e em adorar os pais seja infinita – até se tornarem adolescentes –, mas aqui já estamos falando de outra história.

Caso: irmão que não tem noção do mal que fez à irmã

Idade da criança: **3 e 6 anos**

Tenho um filho (6 anos) e uma filha (3 anos). Adoram-se, mas passam a vida implicando um com o outro e ele já machucou a irmã algumas vezes. Da última vez, ficamos zangados para valer com ele, levou uma palmada e ficamos uns dias sem falar com ele. O que aconteceu? Ele passou uma rasteira na irmã, que caiu, bateu o rosto no chão, o nariz sangrou e quebrou um dente.

Temos noção de que ele ficou triste com o que aconteceu, que se sente culpado e arrependido, mas, ao mesmo tempo, pensamos que um castigo poderá ajudá-lo a compreender melhor o impacto negativo dos seus atos e a ser mais gentil com a irmã. Será mesmo?

Ajudar os nossos filhos a tomarem consciência das suas escolhas e dos seus atos pode não ser fácil. No entanto, e pelo que me diz, o seu filho sente-se culpado e arrependido por ter passado uma rasteira na irmã. Castigá-lo tem, então, como objetivo, fazer com que ele se sinta ainda mais culpado e mais arrependido e eventualmente com remorsos? Você espera com isso ter mais atenção do seu filho e espera que ele se mostre mais gentil com a irmã? Estou certa de que a forma como falaram com ele, o dente partido e o contexto da situação já lhe serviu de lição e não tenho dúvidas de que, nos próximos tempos, ele vai se lembrar disso – pelo menos enquanto o dente da irmã estiver quebrado. Como disse anteriormente, ele já se sente suficientemente culpado, razão pela qual puni-lo apenas servirá para causar mais dor – acredita mesmo que uma criança aprende quando sente que os pais querem vê-la sofrer? Possivelmente, aquilo que ela vai sentir é que os pais não gostam dela e que ela não tem valor. Por isso, a minha resposta não é a favor do castigo.

A minha sugestão vai em dois sentidos distintos:

- Depois de se certificarem de que está tudo bem com a criança que se machucou, sejam curiosos. Temos a tendência natural de dizer aos nossos filhos aquilo que eles devem sentir naquele momento (arrependimento, culpa), em mostrar-lhes o que eles devem tirar como aprendizagem (não voltar a fazer, ser gentil com a irmã), quando há muito mais interesse em que, de fato, se aprenda alguma coisa com estas situações, em sermos curiosos. Depois de a situação estar controlada, respire fundo, chame o seu filho e pergunte-lhe:

"O que aconteceu ali?"

"*Quando você passou a rasteira na sua irmã, o que você esperava que acontecesse?*"

"*O que você vai fazer diferente da próxima vez?*"

"*E agora, como você vai solucionar isto? O que vai fazer?*"

Oriente a conversa, seja curioso! É possível que o seu filho diga a mesma coisa que você ia dizer. A única diferença é que, quando ele chegar a essas conclusões, vai apropriar-se do que disse e do que sentiu e refletiu, e tenha a certeza de que o impacto é muito maior e duradouro.

Nota: Reparou que em nenhuma das questões comecei com "Por quê?". Evite-as, porque normalmente as respostas não convidam à reflexão.

- Trabalhe a relação dos irmãos. Diz que eles se adoram, mas que se pegam com frequência. Isso faz parte da grande maioria das relações entre irmãos. Crie experiências e brincadeiras em que eles têm de cooperar, brinque com eles também e mostre ao mais velho a força que ele tem e como ele pode fazer cócegas na irmã sem a machucar. Quanto mais experiências positivas eles tiverem um com o outro, mais queridos e gentis serão – bilateralmente.

5.4.1 Como aumentar o vínculo parental no dia a dia

A questão do vínculo é tão importante que, a seguir, apresento-lhe nove formas de trabalhá-la com o seu filho. Se eu tivesse de lhe fazer apenas um pedido, seria este: invista na qualidade do vínculo com os seus filhos. O resto vem mesmo por acréscimo.

#1 Quinze minutos exclusivos
Se, por um lado, a questão do vínculo é fácil de entender, talvez seja mais difícil colocá-la em prática, todos os dias.

Há autores que defendem a ideia dos 15 minutos por dia, nos quais estamos de forma exclusiva com os nossos filhos. Quem tiver quatro filhos dedicará 15 minutos a cada um deles, por dia, e de forma exclusiva, o que me parece, pelo menos para a maior parte das famílias, algo muito difícil de acontecer. Por isso, podemos desconstruir esta situação e, nessa impossibilidade, estarmos presentes sempre que possível. Como?

Quando damos banho neles sem ser em "piloto automático", quando os ajudamos a vestir ou quando os aconchegamos nos nossos braços ao ler uma história. Se tem um filho pequeno, vá com ele colocar a boneca para dormir, cheire o pescoço e os pés dele e faça-lhe carinho nas mãos. Deixe-o participar nas tarefas domésticas, sente-o ao seu lado e deixe-o brincar com as cascas dos legumes ou cheirar a fruta que vai servir de sobremesa.

#2 *Brigue menos, fale menos, ouça mais, pergunte mais*
Uma mãe briga, manda vir, opina o tempo todo. E tem pouco tempo para parar, escutar, perguntar mais e se interessar. Talvez, esteja na hora de colar estes objetivos no painel do carro ou colocá-los como fundo de tela do seu celular para ver se se lembra disto mais vezes. O que me diz?

#3 *Perdoe*
É uma coisa tão bonita e, ainda assim, tão difícil de fazer. É realmente muito difícil corrigir, chamar a atenção e depois perdoar, logo a seguir, mudar de conversa, passar para outra coisa. Mas, ainda assim, é uma das coisas mais importantes: dizer aos seus filhos o que tem a dizer e passar ao assunto seguinte. Não estou dizendo que esqueça ou que faça de conta que não aconteceu – nada disso. Estou falando em perdoar, em não guardar cara feia, de mau. Estou falando de ressentimentos. Não fique com eles e, mais, não faça de conta que ficou.

#4 *Tenha generosidade*
Generosidade é dar em abundância. Dar de si, do seu tempo ao seu filho, compartilhar com ele aquilo de que você gosta, ensinar. Tenho uma amiga que ficou fã de Vinicius de Moraes porque o pai compartilhava esse seu gosto com ela. Noutro caso próximo, o pai passou à filha o gosto por *Guerra nas estrelas* ou ainda o prazer de andar de bicicleta. Generosidade também é fazer coisas de que você não gosta tanto assim, mas vai fazê-las porque sabe que isso é importante para o seu filho. Como ir ver os aviões levantar voo...

#5 *Ensine*
O nosso papel como educadores é ensinar: valores, a fazer coisas, compartilhar formas de estar e ser (que ensinam, também). Aquilo que ensinarmos aos nossos filhos, de forma mais ou menos implícita, é o que eles vão levar para o futuro e, no limite, o seu maior legado, porque será o que vão querer ensinar aos seus próprios filhos. E depois, não há melhor memória (e orgulho) do que dizer "quem me ensinou a fazer isto foi o meu pai". **Dica**: faça uma lista do que sabe, pode e deseja ensinar ao seu filho (e lembre-se de que nem tudo precisa ser feito como na escola, na mesa e prestando atenção, tomando notas). Você pode ensinar, envolvendo-o nessas atividades que deseja ensinar.

#6 Respeite a natureza do seu filho

Ele pode ter uma personalidade que o incomoda, mas não há nada pior do que não nos aceitarem como somos. Como tive a oportunidade de explicar ao longo deste livro, é justamente quando aceitamos o nosso filho como ele é que lhe estamos dando a maior prova de amor e, ao mesmo tempo, possibilitando o melhor caminho – porque é um caminho tranquilo – para a mudança e o crescimento.

#7 Seja autêntico

As crianças, tal como os adultos, apreciam pessoas autênticas. Ainda que possamos ter muitos defeitos, é quando somos genuínos que inspiramos quem está à nossa volta. Por outro lado, os outros saberão com o que podem contar e não há nada melhor do que pessoas consistentes.

#8 Faça coisas com ele e não para ele

Vá ao parque, vá nadar, sente-se para desenhar, jogue amarelinha com ela. Faça coisas com ele sempre que puder. Muitas vezes, esquecemo-nos que o que tem mais valor não é um objeto que compramos ou o fato de o termos levado a um parque temático. Isso é interessante, mas aquilo que tem mais valor é a qualidade da relação e do que ela é feita.

#9 Conte-lhe histórias (sobre você e sobre a vida e sobre o mundo)

As histórias, quando bem contadas e tornadas interessantes, têm um poder hipnótico muito grande. Enraízam-se na cabeça das pessoas e podem nunca mais sair de lá. Conte-lhe histórias sobre você, sobre os seus parentes e amigos e sobre a vida em geral.

Caso: a minha família toda opina na educação dos meus filhos

Idade da criança: **3, 5 e 9 anos**

É terrível – eu sou adepta e sigo muito a filosofia da Educação e da Parentalidade Positiva –, mas seria preciso fazer um workshop só para avós e tios, para ver se eles metem, de uma vez por todas, nas suas cabeças que quem educa são os pais e que eles NÃO podem desautorizar, em momen-

to algum, os pais da criança. O pior é que, quando lhes pedimos uma coisa dessas, eles ficam chateados. Como fazer isso?

Se lhe serve de consolo, esta é uma queixa frequente – todo mundo, com o objetivo de ajudar, e cheio de boas intenções, acaba criando conflitos de forma desnecessária. Como se diz, "de boas intenções, o inferno está cheio", porque, na maior parte das vezes, as pessoas não fazem as coisas com más intenções – mas porque não param para pensar, e se refugiam no "a minha intenção era a melhor", acabam depois por ficarem chateados. É uma pena, porque há muita energia gasta e desperdiçada.

Como se educa a família? Não se educa, simplesmente. Você pode pedir que façam de uma determinada maneira, pode insistir nisso, mas não pode obrigar. Assim, e nesse sentido, quero que saiba quatro coisas:

- Se não deseja que os seus filhos sejam castigados pelos avós ou chamados à atenção pela tia porque não disse "por favor", então, modele esse comportamento sempre. Evite os castigos e peça "por favor" (quem diz isto, diz outro exemplo) sempre que se justificar. Depois, diga aos seus filhos que não se sente confortável com o fato de eles estarem sempre sendo chamados à atenção pelos avós, e que é importante para si que eles possam se lembrar desses pequenos pontos. Tenho a certeza de que, na medida do possível, eles farão um esforço para se lembrarem – é muito possível que não seja ainda a "praia deles", uma vez que um esquecimento é natural. Lembre-lhes disso sempre que chegar à porta da casa dos avós.
- Não é porque os avós permitem tudo na casa deles ou, pelo contrário, porque castigam, que os filhos vão poder fazer igual em nossa casa. É legítimo que o peçam e insistam e por isso diga-lhes, com a maior naturalidade "eu sei, João, eu sei que a vovó deixa você ver desenhos animados a tarde toda. Agora é hora de fazer a lição com você. Quando você está na casa da vovó, pode fazer assim. Aquela é a casa da vovó. A nossa casa é esta e aqui fazemos desta maneira". Ponto final. Parágrafo.
- Bônus: As crianças não têm dúvida de quem é a autoridade e o seu modelo, por isso, o que os avós ou os tios fazem não terá uma influência tão grande.

- Não é o fim do mundo caso o seu filho seja castigado pelos avós ou que leve uma palmada deles por se ter portado de forma menos adequada. Veja como uma forma de experimentar os diferentes tipos de educação que existem. Depois, explique a sua visão a quem trata do seu filho e que isso a angustia, se for o caso.

5.5 Preparar a adolescência

Todos os momentos são bons para estarmos mais próximos uns dos outros. Com o passar dos anos, e com o aproximar da adolescência, o nosso objetivo como pais é manter o canal de comunicação e de vínculo aberto, com uma nota positiva. A partir dos 9 anos (início da pré-adolescência), é comum os nossos filhos "despedirem-nos" do papel de pais e contratarem-nos como consultores mais à frente. Isso acontece porque a nossa função de apoio às funções básicas deixa de fazer sentido: em princípio, eles saberão ir à escola, tomarão banho sozinhos, fecharão a porta do quarto e minimizarão a janela do *chat* assim que derem conta da nossa presença. Aos poucos, começam a fazer-nos sair da vida deles e a dar espaço aos amigos, cuja influência passa a ser muito maior do que a nossa – deixamos de ser a última Coca-Cola® do deserto, o que pode ser altamente frustrante. Mas, frustrações à parte, o que desejamos mesmo é que eles possam contar conosco sempre que estiverem com alguma dificuldade ou problema ou sempre que tiverem necessidade disso. E isso acontece quando se sentem aceitos. Para garantirmos que eles vêm até nós, é importante que possamos assegurar que o jantar é um dos melhores momentos do dia, uma espécie de momento seguro.

E por que o jantar?

Por que não o banho ou a hora de ir para a cama? Seguramente porque não vai dar banho no seu filho de 12 anos e possivelmente haverá um momento em que o seu filho de 17 anos irá para a cama depois de você. Então, o jantar é seguramente o único momento do dia em que, até saírem de nossa casa, vamos nos encontrar todos à mesa. O jantar não é um momento para resolver conflitos – isso até pode acontecer e não há problema, mas, por princípio, deverá ser um momento de maior prazer. É fundamental, então, que comece a construir este momento desde já.

Como? Sem TV e sem os outros *gadgets*, como celulares, *tablets* e outros aparelhos que possam surgir nesse meio-tempo.

A minha sugestão é que sejamos nós, os pais, a iniciar o assunto da conversa, caso esta não surja espontaneamente. E porque a ideia é "pormos em comum", ou seja, compartilhar, que possamos nós começar contando como foi o nosso dia, quem faltou ao trabalho e o que comemos no almoço.

Outra forma de manter o canal de comunicação aberto na adolescência é, durante a infância, aproveitarmos **bons momentos para brincar**. Eu não gosto particularmente de brincar de forma tradicional, mas, com o tempo, fui percebendo que brincar com as crianças pode ser importante – e que, afinal, até gosto (e muito) disso.

A ideia de brincar com as crianças pode assustar – aprendi que o que mais gosto no brincar é, na verdade, a qualidade do tempo que passo com eles. E brincar é importante demais para ser visto como uma mera... brincadeira! É brincando que a criança aprende a comunicar, a experimentar e a conhecer o mundo e as suas dinâmicas. Agora que você sabe disso, o que vai escolher? Brincar ou não brincar?

Brincar aproxima as pessoas e é uma das melhores formas de criar vínculo. E o vínculo é determinante para a parte da autoridade e obediência, porque ninguém obedece se não se sentir ligado ao outro. Ponto final. Parágrafo. Por outro lado, brincar de "faz de conta" ajuda a criança a colocar-se em situações que ela deseja enfrentar e a lidar com os seus medos (já tinha pensado nisto?).

Simultaneamente, ao brincar, ajudamos o nosso filho a sentir-se amado e é uma forma muito rápida e efetiva de responder às necessidades de pertencimento, segurança e afeto deles.

A TV é para descansar o corpo e a cabeça. Brincar é uma coisa física, envolve cabeça e corpo. E não os deixa mais acelerados, porque é quando eles "exorcizam" as tensões todas que começam a desacelerar. E brincar faz rir e rirem juntos é fundamental!

Ao brincar, estamos gravando memórias positivas na cabeça dos nossos filhos. E são essas memórias positivas que o vão ajudar a ultrapassar os momentos mais difíceis. A ideia da felicidade no presente dá-lhe a sensação de segurança no futuro e, quando ele chegar a esse futuro, e em momentos mais complicados, vai lembrar-se de que o futuro é um lugar bom.

Como disse acima, brincar é um assunto muito sério – e há muitos pais com filhos adolescentes e já adultos que confessam que gostariam de ter passado mais tempo brincando com os filhos. Então, que as aprendizagens dos outros nos possam ensinar alguma coisa.

5.5.1 O dia do filho único

Quem tem mais do que um filho sabe o quanto os irmãos podem ser a justa oposição um do outro. Consequentemente, educar da mesma forma e tratar as crianças da mesma maneira não vai dar bom resultado. Se já está dizendo para si mesmo que é importante respeitar a *natureza* de cada um deles, digo-lhe "bravo!", porque está assimilando a informação toda. Há uma frase portuguesa que diz que "As crianças soletram amor: T-E-M-P-O" e a chegada de um segundo filho tira a exclusividade do primeiro – não em termos do amor, mas sim em termos da disponibilidade. Menos disponíveis, mais cansados e mais rabugentos: uma mistura que pode ser bem explosiva e resultar em comportamentos mais difíceis de lidar: nossos e deles.

Há quem diga que o grande rival de um filho é o seu irmão – isto porque é com ele que o amor (ou o tempo) parental vai ser disputado. Por isso, é fundamental que os pais possam reservar um momento, pelo menos uma vez por mês, com os filhos, de forma individual. É importante que saiam juntos e que façam uma atividade em conjunto: um passeio de bicicleta que culmina com o sorvete favorito, uma ida a um museu e um almoço com batatas fritas, voltando para casa de metrô.

Este é um momento exclusivo, só dos pais com aquele filho (se não for possível irem os dois pais, vai só um – não deixe de fazer a atividade porque não podem ir os dois). Não se marcam encontros com amigos, não se leva o filho para brincar no parque enquanto se toma café na calçada em frente. Este momento é para outra coisa. É um momento de conexão e muito possivelmente de redescoberta. Quem diz isso são muitos dos pais com quem trabalho. Alguns confessam que tinham esquecido algumas das características impressionantes que aquele filho tem, porque, com a agitação do dia, muito não é visto.

E o que o filho ganha nisto tudo? Um momento a sós com os pais, em que eles estão totalmente disponíveis para escutar e para o deixarem ser quem ele é, sem competição, sem distrações, sem "agora é minha vez de falar". É um momento único, a ser repetido pelo menos uma vez por mês, meio dia, um dia inteiro, o que for possível. Chame-o de "dia especial". Numa semana faz com um filho e na semana seguinte com o outro.

Caso: o meu filho mais velho já não quer mais o irmão bebê que pediu
Idade da criança: **5 anos**
Desde que o Lucas nasceu, o Rodrigo tem estado impossível. Já estávamos à espera de momentos difíceis, mas não tem sido nada fácil, sobretudo porque o mais novo, agora com 9 meses, ainda não dorme a noite toda e eu ando à beira de um ataque de nervos e exausta. O Rodrigo me disse outro dia que afinal de contas tinha mudado de ideia e que já não queria mais o irmão que tanto tinha pedido. Na hora, só quis chorar! Não sei mais o que fazer.

"Quem não sente não é filho de boa gente", já diz o provérbio português, cheio de razão. Se o Rodrigo não tivesse "acusado", nem que fosse um pouco, a chegada do irmão, alguma coisa estaria errada – por isso, respire fundo, porque não só é desejável que ele mostre que sente a chegada do irmão pelo fato de os pais dividirem o tempo pelos dois filhos, como é positivo, porque é sinal que ele tem emoções e não tem receio de compartilhá-las com vocês. Depois, é muito importante que possamos restabelecer o equilíbrio das coisas e o papel de cada um. Há crianças que pedem irmãos aos pais. Há pais que perguntam aos filhos se gostariam de ter um irmão. Consigo entender a questão dos filhos – normalmente as crianças pequenas desconhecem como "se faz" uma criança e por isso "ter" um irmão pode ser tão simples como pedir uma mochila de uma personagem de que se goste.

Entendo a questão que os pais colocam aos filhos como uma espécie de ansiedade ou uma preparação para que aquela criança goste e aceite o bebê que está para chegar. Mas o ideal é que não se pergunte se a criança quer um irmão, porque a decisão nunca é dela. É o casal que sabe se deseja esse filho e a vontade do mais velho não é trazida para a discussão, porque ele não é, em tempo algum, responsável por aquela criança nem tampouco pelas decisões dos pais. Não é por isso justo, num assunto tão sério e, ao mesmo tempo tão íntimo, envolver um filho nessa decisão. Por outro lado, quando a criança pede um irmão e depois "tem" esse irmão, estamos dando a ela, ainda que indiretamente, um poder que não existe. Inconscientemente, é legítimo que ele pense "se eu posso ter aquilo que desejo, então, também posso mandar embora agora." O que fazer, então? Comece por respirar fundo, use o reconhecimento ou a técnica da descrição (veja o capítulo sobre como falar com o seu filho), tenham momentos exclusivos com muita regularidade e façam o dia do filho único pelo menos uma vez por mês.

Finalmente, não diga que gosta mais de estar com o Rodrigo do que com o Lucas. Não diga que o Lucas é um chato e um "saco" porque dá muito trabalho. Se deseja que mais tarde os dois irmãos sejam amigos, que cooperem um com o outro, não crie nem potencialize estas situações com o objetivo de justificar o seu comportamento, com a vontade de fazer com que o Rodrigo se sinta melhor e superior ao irmão – é profundamente injusto tentar "salvar" o seu mais velho com base nesses argumentos. Um bebê dá trabalho, é verdade. Faz parte. O Rodrigo, tendo por base a sua sensatez, acompanhamento, disponibilidade e paciência, vai rapidamente entender isso.

5.6 Como ser a autoridade de que o seu filho precisa?

Como disse anteriormente, autoridade parental não implica que tenhamos de ter cara de mau. É algo que se vai conquistando, e não há varinha mágica que faça com que os seus filhos passem a fazer aquilo que deseja, do dia para a noite. Contudo, há uma série de passos fundamentais e muito mais interessantes do que o "porque sim", e "porque eu sou o seu pai". Passos que trabalham a cooperação familiar e que ajudam as crianças a se apropriarem das regras. Quando elas sentem as regras como suas, têm mais vontade de cumpri-las!

#1 Mude de lugar
Quando o seu filho está tendo um comportamento inadequado, é muito importante que o ajude a se acalmar. Como? Em primeiro lugar, e se ele for pequeno, pegando-o no colo e encaminhando-o para outro lugar (outra sala ou outro espaço). Se ele for grande, peça para o acompanhar ou leve-o pela mão.

Por que é importante mudar de lugar? Simplesmente porque mudamos de lugar e muitas vezes isto é o bastante para a criança se acalmar e "reiniciar" o comportamento.

#2 *Estabeleça contato físico*
Quantas vezes temos um filho que se comporta de forma menos adequada e tudo o que fazemos é dar uma bronquinha e dizer a ele para parar com o que está fazendo? Muitas. Quantas vezes não colhemos resultados? Outras tantas. E se fizéssemos diferente, só para ver se alguma coisa muda?

E diferente como? Da próxima vez, enquanto pega no seu filho e muda de sala, acalme-se e respire fundo. Depois, coloque-se no nível dele. Nesse alinhamento de posturas e de alturas também nos conectamos. E se ele estiver fazendo uma daquelas "birras do andar de baixo", ou seja, emocionais (se não compreende estes termos, vá até o Capítulo 2 e está tudo lá, tintim por tintim), abrace-o. Abraçar? Sim, abraçar! Peça-lhe, com meiguice e firmeza, para se acalmar. Lembre-se do exercício do barquinho que está no início deste capítulo e convide-o a respirar como se a barriga fosse o mar. E por que abraçar? Por vários motivos: primeiro, porque, de fato, acalma. Ajuda a criança a sentir que, independentemente de tudo, as coisas se resolvem. Depois, porque, ao conter os movimentos, o coração desacelera, os batimentos cardíacos diminuem e a agitação esmorece. Um abraço é uma forma extraordinária de fazer com que quem é abraçado se sinta amado. E quando nos sentimos amados, temos maior capacidade de mudar e de cooperar. Finalmente, abrace como deve ser. Um abraço de verdade é capaz de libertar substâncias poderosas (melhores que um Valium), dura 6 segundos, no mínimo, e junta os corações! E descanse: ao abraçar não vai estar enviando a mensagem que aceita tudo. Aceita o seu filho e sabe que nesse momento é importante que o consiga acalmar para que ele o escute. É isso que estará fazendo.

ABRAÇAR COMO DEVE SER

É possível que, de início, o abraço seja para conter a explosão de sentimentos. Mas assim que a criança passar a ficar menos agitada, o abraço passa a ser uma manifestação de carinho. Sempre que o contato físico é positivo, há libertação de ocitocina. A ocitocina, que anteriormente se pensava ser apenas produzida durante a amamentação, é hoje em dia conhecida como o hormônio do abraço.

> Assim, e para que todos estes efeitos aconteçam, é necessário que o abraço/contato dure, no mínimo, 6 segundos. Este é o tempo que o corpo precisa para ordenar ao cérebro que produza este neurotransmissor (que atua como se fosse um hormônio). Em resumo: a ocitocina produz bem-estar, diminui o estresse, ajuda a relacionar as pessoas e a se comunicarem melhor, melhora a pressão sanguínea e é amiga do coração! Só coisas boas! Que tal um abraço?

#3 Adie a conversa

Quando estamos todos exaltados, faz mais sentido adiarmos a conversa para um momento em que todos estejamos mais calmos e com vontade de cooperar. No entanto, o que acontece muitas vezes, quando o alvoroço já passou, é esquecermo-nos ou fingirmos que nos esquecemos de conversar sobre o assunto – e isso é legítimo e justo, porque ninguém gosta de "resgatar" situações que causaram desagrado. Falar ou não falar é uma decisão do momento, mas vale a pena ponderar, porque há momentos que são cruciais para ensinarmos lições boas e valiosas.

#4 Preste atenção

Quando a criança estiver mais calma, olhe para ela com atenção e escute o que ela tem para lhe dizer. Faça uma escuta ativa: escute o que o outro está dizendo, além das palavras. Quer ver como?

Exemplo 1

    João: "*Você é uma boba, eu detesto você!*"
    Mãe: "*Opa, você está zangado, João?*"
    João: "*Estou! Estou mesmo muito zangado.*" (cruza os braços)
    Mãe: "*Pois eu estou vendo que você está zangado. Não está só zangado... Está mesmo muitoooo zangado!*"
    João: "*Pois estou. E a culpa é toda sua!*"
    Mãe: "*É mesmo? E como é que eu fiz isso?*"
    João: "*Eu quero brincar com o brinquedo do Miguel e você não deixa!*"
    Mãe: "*Você está zangado porque quer brincar com o brinquedo do seu irmão e eu não deixo...*"
    João: "*Sim, é isso. Por que você me tirou da sala?*"
    Mãe: "*Por que você acha que tirei você da sala?*"
    João: "*Não sei! Porque você é ruim!*"

Mãe: "E se você soubesse a resposta, o que diria?"
João: "Porque eu bati no Miguel..." (chora)
Mãe: "Foi isso mesmo..."
João: "Mas eu quero brincar com o boneco do Miguel e ele não deixa."
Mãe: "E se em vez de tirar o boneco das mãos dele, o que você acha que pode fazer para brincar com o boneco dele?"
João: "Posso pedir emprestado e posso emprestar o meu carro vermelho, o favorito dele."
Mãe: "É uma ideia. Quer experimentar?"
João: "Sim..." (choraminga)
Mãe: "Venha aqui com a mamãe. (abraço bom) Vamos conversar com o Miguel? Venha, vamos lá à procura do carro vermelho!"

Explicação

Sem qualquer tipo de intervenção e fazendo apenas escuta ativa, a mãe desfez a birra, fez com que o João encontrasse a sua solução e, porque ele se apropriou da resposta, fez acontecer a decisão que tomou. Ao fazer a escuta ativa, a mãe não só identificou os sentimentos do filho (quando ele disse que não gostava mais dela ela percebeu que, na verdade, ele estava zangado), como não interferiu na situação.

Quando tiramos da criança a possibilidade de resolver essas pequenas crises, estamos roubando uma enorme oportunidade para crescer e amadurecer. É desprezar um excelente momento para melhorar a autoimagem e noção de autoeficácia dela. Simultaneamente, mostramos que na vida temos poder de escolha e essas escolhas têm de ser feitas de forma responsável. Na verdade, é nas pequenas situações do dia a dia que ensinamos as coisas mais importantes da vida. É o chamado *work in progress*.

#5 Dê escolhas

Quando damos escolhas, estamos aumentando a probabilidade de termos mais cooperação em casa, em vez de termos mais conflitos e, por isso, sempre que nos for possível, devemos dar a possibilidade de escolha aos nossos filhos. Quando lhes damos este poder, estamos também dando responsabilidades à criança. Na verdade, escolha e responsabilidade andam de mãos dadas. Ainda que possam ser pequenos, as crianças devem poder escolher e, consequentemente, assumirem e serem responsabilizados pelas escolhas que fazem. Esta é uma etapa crucial para o seu desenvolvimento, maturidade e crescimento.

A um pequeno de 2 anos podemos perguntar se quer ir para a cama agora ou daqui a 5 minutos. A uma criança de 9 anos podemos deixá-la gerenciar com maior liberdade a hora em que vai se deitar porque não só já tratará de si sozinho como, de manhã, já se levantará sozinho e por isso aprenderá a administrar os seus ritmos (é importante que, ainda assim, possamos andar de olho nesses horários, garantindo o descanso).

Uma das formas de atribuir ainda mais poder à criança é dizendo-lhe, no final da frase "você é quem sabe, você é quem escolhe", porque sublinhamos que, naquela situação, a decisão é exclusivamente dela.

Exemplo 1

Mãe: "Queres comer uma fatia de melão ou um pêssego? Você que decide."
Filho: "Hmmm... melão! Não, pêssego."
Mãe (sorrindo): "Então vai ser o quê? Vamos, você é quem sabe o que lhe apetece."
Filho: "Melão, então."

E quando eles não querem nenhuma das opções que lhes damos?

Exemplo 2

Mãe: "Quer comer uma fatia de melão ou um pêssego? Você que decide."
Filho: "Não quero nem um nem outro. Quero um sorvete."
Mãe: "Isso não é possível porque não tem sorvete. Melão ou pêssego."
Filho: "Sorvete."
Mãe: "As opções que você tem são melão ou pêssego. Você é quem decide o que quer."
Filho: "Melão, então!"

E se ele insistir que quer o sorvete? Diga-lhe, simplesmente "Hmm... já vi que você não quer nenhuma das opções. Não faz mal. Vou então arrumar a sobremesa." Na verdade, foi isto que aconteceu: o seu filho não mostrou nenhum interesse na sobremesa que você lhe ofereceu e reforça essa ideia quando pede uma que não está disponível. Não tenha receio de encerrar a conversa. A decisão foi dele e não sua.

#6 Assim que... então...
O que dizemos e a forma como dizemos têm um impacto gigante no outro. Ouça a diferença destas duas frases, supostamente tão parecidas e, ainda assim, a milhas de distância uma da outra:

Exemplo 1
> *"Assim que acabar de tomar o café da manhã, você pode ir brincar com o seu irmão."*

Exemplo 2
> *"Se você acabar de tomar o café da manhã, pode ir brincar com o seu irmão."*

No exemplo 1, parto do princípio de que a criança vai acabar de tomar o café da manhã e, ao mesmo tempo, entrego-lhe a responsabilidade do ato. Está implícito na frase que a decisão é dela e que apenas ela está impedindo a situação.

No exemplo 2, não transmito nenhuma certeza se ela vai acabar ou não o café da manhã. Embora a decisão seja dela, não está implícita na frase e o "se" torna a frase mais ameaçadora e até punitiva. O "assim que" transmite rapidez.

Exemplo 1
> *"Assim que você terminar de arrumar os seus brinquedos, pode ir brincar na casa da vizinha."*

Exemplo 2
> *"Assim que você tiver terminado a sua lição de casa e eu tiver verificado que tudo está feito, então, posso levar você à aula de tênis."*

A frase do exemplo 1 entrega, como já disse, a responsabilidade à criança e é dita com base no respeito que temos por ela e na certeza de que ela saberá decidir o que é melhor para ela, escolhendo. Contudo, é importante que o tom seja adequado. Não se engane! Para ter sucesso ao usar esta técnica de comunicação, é importante que, depois de dizer "Assim que você terminar de arrumar os seus brinquedos, pode ir brincar na casa da vizinha", vire as costas e vá embora. Por quê?

Porque, se você ficar, vai abrir a possibilidade de iniciar uma discussão ou negociação sobre o assunto. Se não é isso que deseja, se as regras são claras e já eram conhecidas, então, é mais importante para você e para o seu filho que saia de perto dele. Ele fará a gestão emocional que tiver que fazer e não fica, neste caso, arrumando os brinquedos sob o olhar da mãe-polícia. Por outro lado, ao sair, manifesta confiança no seu filho e a certeza de que ele fará o que tem que ser feito.

Como em tudo, essa dica funciona quando a criança tem interesse no que se segue: brincar com a vizinha ou com o irmão ou ir ao jogo de ténis. Se o jogo de ténis tem pouco ou nenhum interesse, então, tenha a certeza de que esta técnica não surtirá resultado.

O "assim que... então..." pode dar origem a uma birra? Sim, pode, é possível que isso aconteça. A criança fica frustrada com a regra e irá manifestar o seu desconsolo. Arrumar os brinquedos antes de ir brincar com a vizinha não estava nos seus planos. Deixe que ela mostre o que sente, é perfeitamente legítimo. É também legítimo que ela tente convencê-la a mudar de ideia, seja aumentando a birra, insistindo em passar diretamente para casa da vizinha ou então amuando. Não se sinta culpada – se o seu pedido é justo e respeita a criança, então, siga com o que decidiu –, é a sua certeza que não lhe deixará dúvidas do que tem de ser feito.

Caso: a minha filha é teimosa e, quando é contrariada, faz uma choradeira

Idade da criança: **3 anos**

Tenho procurado trazer para dentro de casa um ambiente mais positivo e tenho tido resultados. No entanto, a minha filha é muito teimosa e por vezes parece que faz mesmo de propósito para nos contrariar. Tento falar com ela e explicar por que tem de fazer isto ou por que não pode mexer naquilo, mas normalmente não dá resultado, tenho de lhe tirar as coisas das mãos ou aborrecer-me com ela e, consequentemente, há choradeira... há algum truque para fazer com que ela me ouça mais vezes?

Não há um truque, há vários e, quando bem usados, produzem magia. Antes de tudo, comece a ver a sua filha como alguém que está descobrindo o mundo, e a sua curiosidade é natural da idade. Significa que é uma criança esperta e que quer conhecer o que a cerca. Não sabe onde estão os perigos – isso não lhe interessa.

A nossa função é, com calma e clareza, mostrar-lhe aquilo que ela já pode fazer e o que só poderá fazer mais tarde (porque, no limite, ela vai poder fazer quase tudo o que agora não pode). Ela quer tocar na jarra de flores que você herdou da sua avó e tem medo que ela quebre? Faz bem em não deixar, mas que isso não seja impeditivo de lhe mostrar a jarra, de lhe contar que foi da sua avó e que a estima muito. Depois, coloque-a longe da filha. E se ela chorar? Se ela chorar, veja isso como uma coisa natural – afinal, a sua pequena tinha vontade de pegar na jarra e não pode –; ela está mostrando a sua frustração. Há crianças que são mais explosivas na forma como manifestam os seus sentimentos – é assim que sabem mostrar o descontentamento. Aceite isso e, a seguir, direcione-a para outra atividade. Passará rápido, fique descansada.

Há depois outras situações, como tocar em tomadas, pegar nas facas que cortam dedos ou abrir portas proibidas... todas as situações que deseja evitar. Para essas, a primeira coisa a fazer é ver se pode eliminá-las – colocar essas facas bem longe do alcance da criança e trancar as portas a sete chaves. Caso isso não seja possível, então, a sua missão é assegurar-se de que, até a criança ter compreendido a mensagem, andará atrás dela. Assim que ela se aproximar de uma tomada, diga-lhe não, pegue nela ao colo e leve-a para outro lugar ou inicie uma atividade diferente. O mesmo para as situações em que ela sobe para a mesa ou outro lugar perigoso. Ao fim de algum tempo, a criança sabe que o pai ou a mãe irão buscá-la para a retirar do lugar do perigo e, mais cedo ou mais tarde, ela deixará de ir. Sei que já lhe explicou muitas vezes que ela não pode isto e não deve aquilo. Aos 3 anos, a sua filha já tem mais do que entendimento para compreender o que lhe diz, por isso, não vale a pena continuar explicando. Vá para junto dela e coloque-a em segurança – essa é a sua obrigação caso ela não o faça. Lamento não ter uma frase ou um conjunto de frases mágicas se quisermos assegurar que a médio prazo a criança saiba o que tem que fazer (sem nos ter sempre supervisionando), então, essa é a forma que temos para o assegurar.

Finalmente, e durante o tempo em que a sua filha é pequena, talvez fique mais descansada se conseguir ter uma casa que também seja à prova de crianças – no meu entender, uma casa onde podemos estar à vontade é uma casa onde temos vontade de permanecer –, muito diferente de uma casa-museu. Pense nisso.

5.7 A técnica do reconhecimento, da descrição ou espelho

O reconhecimento, ou a técnica da descrição, consiste em, simplesmente, descrevermos o que estamos vendo. Está vendo que o seu filho está zangado? Diga-lhe! Está vendo que está feliz e orgulhoso. Diga-lhe com todas as letras e com toda a emoção que sente nele.

Se eu tivesse que escolher uma única técnica, se tivesse que dar um só conselho, seria esse. E por quê? Por vários motivos. Em primeiro lugar, quando colocamos em palavras aquilo que o nosso filho está dizendo ou fazendo, estamos de fato olhando para ele. E isso está revestido de uma importância muito grande, porque a criança sente que existe; sente-se ligada aos pais, e é este sentimento de existência e de pertencimento que os conecta a nós! Repare na diferença:

Discurso 1

(em frente a uma loja):

João: *"Mãe, olha esta moto espetacular! Eu quero uma!"*

Mãe: *"Não quer nada, isso só traz chatices. E você deve achar que o dinheiro cai do céu, não é?"*

João: *"Mãe, mas eu quero, eu preciso desta moto!"*

Mãe: *"Fique quieto, João! Brinque com o triciclo que você em casa."*

João: *"Eu não vou ser mais seu amigo e, além disso, quando for grande, não vou levar você para passear na minha moto!"*

Discurso 2

(em frente a uma loja):

João: *"Mãe, olha esta moto espetacular! Eu quero uma!"*

Mãe: *"Uau, esta moto preta? Está brincando comigo? Esta é uma moto para valer, mas para crianças? Não, não pode ser..."*

João: *"Sim..."* (sorrindo)
Mãe: *"Que espetáculo! E preta... podia ser azul, que eu gosto mais, não acha?"*
João: *"Ah, mãe, lá vem você com essas coisas do Cruzeiro e do Atlético."*
Mãe: *"Ah, João, diga se não é verdade que essa moto ficaria mais legal em azul?"*
João: (gargalhada!)
Mãe: *"Quer entrar para experimentar?"*
João: *"Quero! Vai me dar a moto?"*
Mãe: *"Não vou lhe dar a moto, João, mas se quiser ir vê-la, tocar nela e pedir ao senhor da loja que deixe você se aproximar dela, eu vou com você. Aproveito e reclamo da cor. Que acha?"*
João: *"Vamos lá!"*

É fácil optarmos por este segundo discurso? Garanto que é... Só é difícil lembrarmo-nos de usá-lo, mas depois acaba surgindo naturalmente. Quando recorremos ao "reconhecimento", mostramos um enorme respeito pela criança. É natural que ela queira tudo o que vê e que considera legal. É natural que seja curiosa. É natural que insista. É isso que devemos reconhecer. Mas reconhecer é muito mais do que isso. Na verdade, e na maior parte dos casos, tudo o que uma criança deseja é mostrar os seus gostos, o que a faz vibrar. Experimente, da próxima vez, interessar-se por essas coisas (e coloque entusiasmo na sua voz!). Fique descansada, que não vai ter de comprar nenhuma dessas coisas – por vezes, parar, olhar com atenção é mesmo o suficiente.

E se ele ficar bravo e começar com as birras de costume? O que eu faço?

Imagine que o seu filho está realmente desconsolado com o fato de você não querer dar-lhe alguma coisa. Não precisa dizer que não pode, que têm uma igual em casa ou que, na verdade, ele não precisa de mais uma caixa de brinquedos. Depois de reconhecer os sentimentos dele, distraia-o, mude de conversa ou redirecione, como se diz hoje em dia. É a melhor solução. Você terá que perceber se o seu filho precisa de uma distração que o acalme ou de uma distração que o agite. É tudo uma questão de tentativa e erro: o filho é seu e, feliz ou infelizmente, eles não vêm com bula. Você vai ter mesmo que olhar para ele e perceber o que pode funcionar com ele nesse momento. Pegue-o no colo e, com muita calma, mude de conversa e de lugar. Vai ver que passa. Mas, e muito possivelmente, quando você faz a técnica do reconhecimento bem-feita, a birra e o choro quase não acontecem. Confie, esta é a técnica mais poderosa, porque alia respeito, vínculo e sentido de pertencimento numa só atitude.

5.8 Castigos e palmadas

A ideia de castigar uma criança com o objetivo de educar e disciplinar faz muito pouco sentido. E por quê? Por vários motivos: castigar significa punir e penalizar, tem uma conotação negativa e que faz sofrer. De alguma forma, é como se, para aprender a fazer bem, a pessoa tenha que sofrer, quando, na verdade, a criança (e qualquer outra pessoa) só aprende quando conhece quais são os comportamentos adequados e tem energia para os empreender.

O que quero eu dizer com isso?

Se é verdade que, a curto prazo, um castigo ou uma palmada podem acabar com um comportamento inadequado, a verdade é que eles não ensinam o comportamento adequado voluntário e sem verificação (por outras palavras, a criança só vai fazer o que é adequado se o adulto estiver lá para a fazer cumprir). Isso quer dizer que a criança não vai fazer o que é certo porque entendeu o seu interesse e a sua lógica, mas apenas porque não quer ser punida.

Por outro lado, quando castigamos, a nossa tendência natural é focarmo-nos no comportamento inadequado. Dizemos com frequência "Você não muda!", "se você derramar o leite de novo, vai ficar sem", quando, na verdade, a ideia é ajudarmos a criança a escolher o melhor comportamento. Portanto, e como já disse no Capítulo 4, devemos frisar o que se espera da criança com frases como "Gostaria tanto que você conseguisse se concentrar e desenhar dentro do papel, sem estragar o caderno que comprei, para que você possa aprender a desenhar e a colorir. Como pode fazer isso? Posso ajudar?".

> **RECONHECIMENTO: UM EXEMPLO**
> **QUANDO A CRIANÇA CONSEGUE COLORIR APROPRIADAMENTE**
>
> No exemplo anterior que usei, a mãe diz claramente ao filho o que gostaria que acontecesse. Convida-o a resolver a questão e pede-lhe ideias. No momento em que a criança consegue colorir apropriadamente, é importante fazer um bom reconhecimento e dizer mais do que um simples "Muito bem! Viu, quando você quer, você consegue!". Um reconhecimento bem feito é tão simples como:

> "Uau! Você pintou tudo dentro do contorno e usou quase todas as cores do seu conjunto de canetinhas!". Reconhecer é descrever exatamente aquilo que vê. Fui concreta, clara e mostrei entusiasmo. Mais do que um "muito bem", o meu filho tem a certeza de que eu olhei para o desenho, e que até sei que ele usou todas as cores do conjunto que tem.
> E isso tem muito mais valor do que um simples "muito bem!"
> **Resultado**: ele sabe exatamente o que é esperado quando for colorir da próxima vez e vai repeti-lo. Sente-se valorizado e sabe exatamente por quê.

Ao usarmos frases e questões deste tipo, levamos a criança a resolver a sua questão. E caso não consiga fazê-lo sozinha, ela sabe que pode contar conosco. É com esse voto de fé que a criança se reinventa e não fica no seu sofrimento, pensando que "não muda nunca" e que, possivelmente, se é assim, nada do que ela faça vai ajudá-la a mudar.

Peggy O'Mara disse que "bater nunca é a melhor forma de se ensinar uma criança. Mesmo no caso de perigo real – como quando uma criança foge para a rua –, pode agarrá-la, sentá-la, olhá-la nos olhos e dizer-lhe porque nunca mais voltará a fazer aquilo. O pânico na sua voz irá comunicar a mensagem de uma forma muito mais efetiva do que bater. Você pode ser dramática sem ser abusiva". É talvez uma das melhores formas de ganharmos a cooperação deles e também a que mais impacto tem, muito mais do que uma palmada.

> **POR QUE OS PAIS CONTINUAM CASTIGANDO E BATENDO?**
>
> Porque funciona e é imediato! Por outro lado, muitos pais acreditam que, se não punirem, estão se mostrando permissivos. Punir é mais fácil para quem nunca experimentou ou não conhece as vantagens e as alternativas que existem.

Há quem defenda que levou palmadas e reguadas quando era criança e que o mundo não acabou por isso. E isso justifica agora a liberdade e até o dever de "tirar o pó" dos filhos porque há situações que o exigem, tal como quando as crianças nos levantam as mãos. Explicar a uma criança de quase 2 anos que ela não deve bater parece, para alguns pais, não adiantar, porque, segundo eles, ela não conseguirá compreender. No entanto, talvez a questão não esteja na capacidade de entendimento da criança. Tal como a maior parte dos pais, não acho normal que um filho levante a mão a um pai. Como também não acho normal o contrário.

Se uma palmada do tipo "tirar o pó" funciona? Claro que funciona! Não tenha dúvidas disso. Contudo, eu escolho tratar com base no respeito e sinto que desrespeito os meus filhos e a mim como mãe caso bata neles. É uma questão de princípio – não é nem um esforço que faço, porque simplesmente essa opção não me ocorre e, por isso, uso outras.

Como explicar que não se bate? Dizendo que dói, que não se faz e desviando para outra atividade. Uma, duas, três vezes e mostrando que estamos zangados.

Vamos dar uma palmada para dizer que não se dá palmadas? O que estamos tentando ensinar, então? Não bater não tem a ver com permissividade. Tem a ver, apenas e só, com os nossos princípios e com escolhas que fazemos. Pode não ser fácil, mas é possível. **Nota**: não estou tentando convencê-lo a não bater. Essa é uma decisão sua, baseada nos seus valores e também no tipo de relação que deseja estabelecer com os seus filhos.

5.9 O poder das consequências

Se o castigo é o ato de fazer sentir dor, o que é esta ideia de "consequência" e o que ela ensina à criança?

Tal como a palavra diz, a consequência é o resultado de uma decisão. Existem dois tipos de consequências: as naturais e as lógicas.

As consequências naturais são aquelas que acontecem na sequência de um acontecimento.

Exemplo: O seu filho decide que não vai levar o casaco para a escola. A consequência natural será, eventualmente, sentir frio. É óbvio que não me passaria pela cabeça deixar o meu filho de 3 anos ir à escola sem casaco, mas, caso estivesse falando de um pré-adolescente, seria possível deixá-lo, pelo menos uma vez, ter a noção da importância do casaco. As consequências lógicas são pouco diferentes das naturais e têm ligação com o que está acontecendo. Deverão, por isso, ser enunciadas previamente para a criança escolher o comportamento que deseja.

Exemplo 1

João: *"Mãe, não quero comer mais. Posso sair da mesa e ir brincar?"*
Mãe: *"Ah, João, tenha paciência e coma mais um pouco. Você não comeu nada... Depois você vai ter fome e só vamos lanchar quando chegarmos à casa da vovó."*
João: *"Já comi tudo. Estou mesmo muito cheio. Não tenho fome!"*

(1 hora depois)
João: *"Mãe, estou com fome! Não comi nada ao almoço. Você tem que parar o carro e ir comprar alguma coisa para eu comer."*
Mãe: *"Vixe, você deve estar mesmo com fome para querer que eu pare o carro!"*
João: *"Sim, estou mesmo!"*
Mãe: *"Você vai lanchar quando chegarmos à casa da vovó. Foi o combinado."*
João: *"Mas eu não comi nada no almoço!"*
Mãe: *"Eu sei, João. Eu ouvi o que você me disse. Essa foi uma decisão sua. Agora vai esperar a gente chegar."*
João: *"Você é muito feia!"*
Mãe: (silêncio)

O que as consequências lógicas ensinam, então?

Primeiro, ensinam que as nossas decisões, de fato, têm um impacto na nossa vida e até na vida dos outros. Quando o João escolhe não comer, vai ficar sabendo que vai ter fome depois, sem que seja preciso dizer-lhe "Viu? Eu bem que avisei!" Vai lembrar-se de que a decisão foi só dele.

O silêncio da mãe apenas indica que ela nada tem a ver com a decisão do filho, sobretudo porque ela lhe mostrou que aquilo poderia acontecer. O seu silêncio possibilita o crescimento do filho. Num outro exemplo de aplicação de consequências lógicas, o João fica sabendo que, no caso de trazer alguma coisa da escola que não é sua, terá de ir devolvê-la ao professor ou ao dono do objeto. Isso responsabiliza e ensina que é importante assumirmos o que fazemos. Por vezes fazemos mal e, quando temos a oportunidade de reparar algo, devemos fazê-lo.

Em outra situação ainda, sabe que, caso quebre o vidro do vizinho, o dinheiro será retirado da sua mesada e que irá pessoalmente conversar com o Sr. Augusto.

Resumindo: quando aplicamos uma consequência, a criança sabe que vai ter a oportunidade de escolher, conscientemente, o seu comportamento.

Com muita frequência os pais falam-me, com preocupação ou sentimento de impotência, sobre as birras dos filhos. Usam expressões como "ele está me testando", "ele sabe o que me tira do sério", "é impressionante, com o avô ele não faz isso!"

E é curioso como estas frases são muito mais frequentes em pais de crianças com filhos entre os 18 meses e os 5 anos.

E perguntam-me depois "O que eu faço nestas situações?" Confesso que tenho muita dificuldade em aceitar que se trate apenas de uma provocação, ou a criança testando ou mesmo desafiando os pais. Explico por quê:

As birras comuns, os choros e os "cinco minutos" do seu filho são o reflexo de uma frustração qualquer (se ainda não o fez, dê um pulo no Capítulo 2, onde vai ficar sabendo o que se passa na cabeça do seu filho). Ou ele não consegue encaixar as peças dos bloquinhos de construção, ou ele quer continuar brincando na piscina em vez de ir embora para casa, ou porque quer ir de havaianas para o colégio em vez de botas. Ele quer isso, ele acha que pode, e nós não permitimos que isso aconteça. É legítimo então que ele chore, grite e mostre toda a sua frustração e descontentamento. Num mundo ideal, tudo seria possível. Como não há mundo assim, essa é a forma que ele arranja (e todos eles) para mostrar o seu desagrado. As birras também podem ser um jogo de poder tomando forma. Até aqui tudo certo, é fácil e lógico de entender.

Caso 1

Hoje você decide ir ao supermercado com o seu filho. São as promoções de Natal, está tudo com 50% de desconto. Você diz a ele que vai só entrar, levar o detergente para a louça e o pacote de guardanapos que estão faltando lá em casa. Diz-lhe que não vai levar mais nada e "temos realmente que fazer isto correndo, não vou comprar mais nada, não vale a pena pedir ou estar com coisas ou vamos logo embora". E passa correndo pelos corredores que transbordam de caixas cheias de bonecos. Ele quer ver. Você continua empurrando o carrinho muito rápida. Como ele está até calmo, aproveita para levar mais uns filés de frango, iogurtes para os lanches e um garrafão de água. E ele começa a ficar chato e birrento. Começa a dizer que quer as bolachas do Mickey, depois já quer a escova de dentes do Homem-Aranha e agora quer o creme dental do *Carros*. Você percebe que tem mesmo que ir embora, mas que até podia levar mais uns ovos e uma embalagem de arroz, afinal de contas, é num instante! Mas ele diz que "preciso mesmo da escova do Mickey porque a minha já é velha". E você responde "Pronto, pegue, mas é a última coisa que você pede, caso contrário, quando chegarmos em casa, você vai para o castigo".

O que você ensinou? Ensinou a testar limites. Como assim? Disse-lhe, antes de entrar, que não valia a pena pedir nada. Ele pediu três ou quatro vezes. E recebeu o que pediu. Ele entendeu que, quando insiste, obtém o que quer, o que quer dizer que está atento e compreende como as coisas funcionam. Da próxima vez, vai repetir o comportamento. Simplesmente repetir. Não é um teste, não é uma provocação. É, simplesmente, a repetição de um comportamento.

E isso leva-me à questão dos castigos. Tantas e tantas vezes castigamos os nossos filhos por sentirmos que eles estão passando dos limites, quando, na verdade, muitas das vezes fomos nós que os confundimos, não é?

Caso 2
Você vai ao supermercado, o seu filho começa a dificultar-lhe a tarefa e você pede que ele se acalme e se comporte. Ele continua e você diz que, caso ele continue naquilo, da próxima vez não vai com você. E ele continua... e a única coisa que você deseja é sair do supermercado o mais rápido possível!

Dali a dois ou três dias decide ir ao supermercado. Ele diz que vai com você. E você diz que não. Relembra a conversa que tiveram no supermercado e confirma que foi ele que decidiu que desta vez não iria junto. E ele chora e diz que se vai comportar bem.

A sua decisão (de o levar ou não) pode ser estruturante e construtora. É uma situação do dia a dia e você tem na mão a possibilidade de retirar o sofrimento/tristeza/frustração do seu filho.

Essa sua decisão tem mais impacto do que um castigo proferido dois dias antes como um "então quando chegarmos você não vai ver televisão". Isto porque a situação do supermercado nada tem a ver com "ver televisão".

Um castigo mostra que os grandes têm poder – mas não ensina, diretamente, a consequência do comportamento nem o responsabiliza pelas decisões que toma.

Quando decide não o levar com você hoje, está trabalhando em longo prazo. Numa próxima vez, ele vai se lembrar de que tem em si o poder de:

- Decidir o comportamento dele.

- Decidir o futuro.
- Tomar uma decisão consciente, porque sabe que a mãe/pai vai ser consistente. Na verdade, não é a mãe/pai o malvado da situação. Quem vai escolher é a criança, e essa escolha é apenas dela. E deixam de existir, como num passe de magia, os maus e os bons da cena – e tudo passa a resumir-se a decisões e escolhas do seu filho. Parece simples, mas é um pouco menos simples do que parece. Fazer cumprir uma consequência alguns dias depois de a situação ter acontecido é estruturante, mas também pode ser duro. E é bem possível que isso aconteça justamente em um momento em que a criança até anda se comportando bem.

E a questão que se coloca agora é: "Tenho mesmo que aplicar a consequência? Logo agora?"

Depende. Do quê? De você, da situação, da criança. Pense em longo prazo!

Depois, pode explicar à criança que ela não vai por causa do que tinham combinado antes.

Pode também escolher dizer à criança que ela vai com você porque você confia na sua capacidade de escolher um comportamento adequado e que quer lhe dar esse voto de confiança. E quando conversa sobre isso, é importante que se refira à forma como se sentiu da última vez que estiveram juntos no supermercado. É na exposição verdadeira dos sentimentos que as crianças tomam consciência do impacto das suas escolhas. Acusar a criança pelo mau comportamento serve de muito pouco e não a coloca numa posição em que acolhe, de braços abertos, uma possibilidade para mudar e responsabilizar-se.

Caso: não consigo aplicar as consequências porque os meus filhos não as aceitam

Idade da criança: **2 e 7 anos**

Isto é muito bonito em termos teóricos, mas quando tento aplicar as consequências de uma coisa que os meus filhos façam malfeita, só consigo uma birra maior. Estou numa fase com menos paciência e acabo por ceder e sei que isso não é o correto, mas a verdade é só uma: isto não está funcionando. Nestas alturas, o ideal é mesmo castigar, certo?

Depende do que quiser. Se quiser, a médio prazo, ganhar cooperação, se quiser que os seus filhos a escutem com respeito, então, talvez castigar funcione como um "tiro nos pés". Mas funcionar, no imediato, claro que funciona. As crianças aprendem rápido e aprendem bem. E, no seu caso, os seus filhos sabem que vale a pena insistirem porque a mãe, mais cedo ou mais tarde, vai ceder. Não são eles que são ruins, eles estão tentando alcançar o objetivo deles, e isso é legítimo. Tal como também é legítimo termos uma só palavra. Daqui para a frente, quando tiver a certeza do que deseja fazer e depois de ter enunciado as consequências, diga-lhes num tom firme o seguinte: "Olhe para mim. Eu tenho ar de quem vai mudar de ideia? Não tenho, nem uma coisa dessas me passou pela cabeça, por isso, não vale a pena insistir". Vire as costas e siga com a sua vida. Não fique, porque a única coisa que estará fazendo é a alimentar uma nova negociação, e não é isso que deseja. O assunto está mais do que encerrado e decidido.

5.9.1 As cinco regras de ouro das consequências

Ao longo deste ponto, temos visto as vantagens das consequências em relação ao castigo e à palmada. Os exemplos ilustram a sua aplicação, mas, neste momento, é importante que crie um esquema mental para que, de hoje em diante, possa usar como deve ser.

#1 Respeito
Toda a consequência tem por base o respeito e é enunciada de forma digna, não melindrando a criança. Caso esteja muito nervoso com a situação, é preferível não dizer nada. O ideal é retomar a situação e voltar ao assunto passados 15 ou 20 minutos.

#2 Relação com a situação
Estão relacionadas com a situação. Sempre. Caso contrário, são um jogo de poder dos pais e, aí, são vistas como um castigo.

Exemplo 1 – Castigo
"Quantas vezes já disse que quando eu digo "vamos embora" é para você vir embora? Para você se lembrar disto na próxima vez, vai ficar sem ver os desenhos

animados durante dois dias. E não reclame, porque ainda mudo de ideia e você fica uma semana sem televisão!"

Exemplo 2 – Consequência
"Não quer escovar os dentes? Sério? Bom, não posso obrigar você, mas tenho que assegurar que você não tenha cáries. Tudo bem, não tem problema, mas assim sendo, você não vai poder comer nada que leve açúcar. A decisão é sua."

A criança pode não ficar satisfeita com a consequência, pode reclamar, mas a verdade é que quando estão relacionadas, ela não sentirá que é injusta, o que não acontece quando há um castigo. Ao sentir-se injustiçada, a criança vai compreender que os pais é que têm "a faca e o queijo na mão" e, por isso, não vale a pena cooperar porque, a qualquer momento, os pais decidem castigar e ela não pode fazer nada.

A consequência, em contrapartida, responsabiliza a criança pela decisão que tomar. No exemplo acima, a criança sabe que ficará sem comer determinados alimentos porque decidiu não escovar os dentes. E possivelmente irá escová-los imediatamente ou, no limite, no dia seguinte.

#3 Razoáveis
Se não forem razoáveis, pode contar com uma manifestação de insatisfação do seu filho. A ideia, quando usamos uma consequência, não é ensinar uma lição. O objetivo é tornar os nossos filhos responsáveis pelas decisões que tomam.

#4 Reveladas antecipadamente
É importante que possamos dizer quais são as consequências de uma determinada situação, para que o nosso filho possa saber que tipo de comportamento vai escolher, sendo assim responsável por isso.

"Vamos à casa da vovó e o primo Tomás vai estar lá. Caso você e ele briguem como da outra vez, eu não vou poder deixar você continuar brincando com ele – tenho medo que vocês se machuquem e os gritos de vocês incomodam todo mundo."

O seu filho sabe o que o espera. Para que seja estruturante, é fundamental que você possa, da sua parte, fazer acontecer o que acaba de dizer. E isso dá-lhe uma imensa segurança.

#5 Repetidas
Peça ao seu filho para repetir o que ouviu.

"Vamos à casa da vovó e o primo Tomás vai estar lá. Caso você e ele briguem como da outra vez, eu não vou poder deixar você continuar brincando com ele – tenho medo que vocês se machuquem e os gritos de vocês incomodam todo mundo."

"Diga, Tiago, o que você ouviu?"

"Que se nos comportarmos mal, você não me deixa mais brincar com o Tomás porque não quer que nos machuquemos."

"Exatamente!"

E se o meu filho não aceitar a consequência?

Não aceitar uma consequência pode significar uma de três coisas:

- Não está perante uma consequência e sim um castigo – avalie, por favor.
- O seu filho não é suficientemente crescido para perceber que há brincadeiras perigosas e, como tal, terá realmente que se assegurar que o protege.
- Terá que começar a desenvolver a sua relação, porque o seu filho não está minimamente disponível para cooperar com você. A prova é que ele prefere ter uma discussão.

Finalmente, todas as consequências são ditas de uma forma não punitiva, não agressiva e sem adicionarmos culpa, humilhação ou dor, mas também sem a necessidade de os salvarmos da situação que eles criaram. Uma consequência ensina e, acima de tudo, responsabiliza-os para o poder das suas escolhas.

Caso: a minha filha se faz de surda

Idade da criança: **9 anos**

A minha filha de 9 anos, quando é confrontada com uma bronquinha, assume uma postura de... "desapareci, não estou ouvindo, não falo nem respondo".

Eu fico furiosa quando ela não me responde e não diz nada sobre o assunto que levou à bronca. Eu procuro dizer-lhe que é quando assumimos os erros que as questões se resolvem, que sem comunicação é impossível compreendê-la... e, na maior parte dos casos, ela não diz nada e eu fico sem entender o porquê disso...

Tudo indica que a sua filha "bate em retirada" quando é confrontada com esse tipo de situações. É muito possível que ela não saiba o que dizer e, ao fechar-se dessa forma, não permite que o discurso continue, fazendo com que não haja nenhum tipo de aprendizagem para próximos acontecimentos idênticos. Parece ser, de fato, uma forma de defesa. Precisaria de mais detalhes, mas, pelo que leio, é possível que a sua filha se sinta em "maus lençóis" quando lhe diz que ela tem que assumir os erros quando ela não se explicou.

Possivelmente conseguirá que a sua filha lhe fale quando assumir (a mãe) o que sente exatamente, na situação pela qual está passando.

"Sabe, eu quero muito ajudar você, mas não sei como fazê-lo porque sinto que, de alguma forma, não sou da sua confiança, uma vez que você não me conta o que aconteceu. Não sei como você está, se está preocupada, zangada, embaraçada... e precisava saber – não apenas para ajudar, mas porque, nos últimos tempos, sinto que temos andado distantes e que não falamos como antes. Quero que saiba que estou aqui. Vejo que precisa de tempo para se acalmar sozinha, e por isso vou lhe dar o seu espaço. Se não for hoje, a qualquer momento, falamos amanhã depois do café da manhã."

Falou de você, dos seus receios e dos seus sentimentos e, em momento algum, você a magoou. Deu-lhe espaço e disse-lhe que estaria disponível. Independentemente de tudo, voltarão a falar no dia seguinte e a filha sentirá, depois de um discurso destes, que não será acusada e estará mais disponível para escutar e ser escutada. Sabe que esse momento vai acontecer e vai preparar-se para ele.

5.10 O *timeout* (ou o "vai ali pensar na sua vida")

Sei que há muitos pais que não usam o castigo, mas que aplicam o *timeout*. O que é o *timeout*? É dizerem, muitas vezes apontando o dedo, aos filhos para irem pensar um pouco na sua vida. Normalmente, vão pensar o tempo correspondente à idade que têm. Há até situações de crianças que sabem que fizeram asneira e que vão logo para o banquinho pensar.

O *timeout* funciona para desacelerar e acalmar. Não acredito, contudo, na sua eficácia para colocar a criança para pensar na sua vida e no que fez de não tão bem. E acredito ainda menos nessa capacidade quando são os pais que a mandam, zangados, para um canto.

O que realmente acontece no timeout*:*

O QUE OS PAIS PENSAM QUE ACONTECE:	O QUE REALMENTE ACONTECE NA CABEÇA DA CRIANÇA:
"Eu me comportei mal. Da próxima vez tenho de ser mais contida – coitado do meu irmão, não posso bater nele nem rasgar o caderno dele... Além disso, a mamãe fica muito triste comigo e não é isso que eu quero."	"O meu irmão é mesmo um bobo e um sensível. Eu quase nem toquei nele e ele vai logo dizer à mamãe que eu bati. Ele vai ver o que é doer da próxima vez que os pais não estiverem por perto."

A criança desenvolve um sentimento de autocomiseração, juntamente com a vontade de se vingar, em vez de tomar consciência positiva do efeito dos seus atos, que é o que permite a transformação. Nos casos em que o filho tem a noção de que teve um comportamento menos adequado e vai diretamente para o banquinho, é possível que nem pense em nada de concreto – age em "piloto automático".

O que fazer, então?

Há uma imagem muito interessante e que se chama *timein*. O *timein* é diferente do *timeout*, porque pode orientar a reflexão da criança e pode ser também um momento para esfriar as emoções.

É possível enviar a criança para o seu quarto e pedir que se acalme, sem fazermos isso de uma forma agressiva (a forma como o fazemos é onde reside a diferença). Também podemos usar essa imagem e aplicarmos o *timein* a nós mesmos quando, por exemplo, ficamos muito irritados com um comportamento do nosso filho e precisamos muito respirar fundo.

Além de servir para esfriar os ânimos, o *timein* serve também para orientar a criança na escolha dos comportamentos mais acertados e para que possa compreender os motivos que provocaram o conflito. Essa orientação é dada por nós, usando a técnica das questões, por exemplo, e o método do reconhecimento.

É legítimo termos pouca vontade de estar com os nossos filhos quando eles se comportam mal, quando tornam a nossa vida impossível e nem sequer conseguimos nos sentar um pouco para descansar. Não vejo, muito sinceramente, razão nenhuma para lhes escondermos isso. Uma relação genuína e verdadeira consiste em dizer-lhes, com todas as letras, que estamos cansados das birras e que já só temos uma vontade: que a hora de dormir chegue! Ou ainda irmos mais longe e dizer-lhes "Agora estou muito zangado/irritado/farto e preciso ficar cinco minutos sozinho para me acalmar. Isto passa, mas quero ficar sozinho e que me deixem cinco minutos em paz".

Quando o fazemos, não estamos pondo em questão o amor que temos pelos nossos filhos. Estamos simplesmente dizendo que o comportamento que estão tendo é inaceitável e que, como qualquer outra pessoa, também temos limites. Com o bônus de não termos de gritar, ficar despenteados ou fazermos caras de maus. E é quando nos permitimos ser humanos com eles que lhes ensinamos, mais uma vez, acerca do impacto das decisões e dos comportamentos. E, como em todas as decisões e em todos os comportamentos, também eles são escolhidos.

E o *feedback* que temos é extraordinariamente positivo, porque as crianças ficam, de fato, com uma enorme vontade de modificar as suas atitudes.

Não acredite nisto apenas porque lhe digo. Experimente.

Caso: a minha filha não para de choramingar
Idade da criança: **5 anos**
Tenho uma filha de 5 anos que, como me disse o pediatra quando nasceu, "é uma chorona". Claro que o choro da bebê evoluiu para as birras e agora, com 5 anos, a um mês de ir para a escola primária, tenho a situação um pouco fora de controle. Temos birras porque sim: porque quer ir para casa da tia (a tia faz-lhe as vontades todas!), temos birras porque se zangou com as colegas da escola e então não quer ir à escola, temos birras porque quer ficar comigo em casa. Sinto-me perdida. Sei que ela quer atenção e essa atenção não tem sido dada por razões de trabalho. As birras estão tomando proporções muito complicadas e o meu bebê está se tornando uma pequena ditadora.

O choramingar pode acabar com a paciência do mais paciente dos pais. Mas vamos por partes. Antes de tudo, a sua filha tem 5 anos e, por isso, não é um bebê. Se deseja que ela se comporte naturalmente e de acordo com a idade que tem, então, deixe de tratá-la e de se referir a ela como tal. O tratamento pode não ser mais do que uma forma carinhosa de lidar com a filha, mas acredite que, neste caso, não está permitindo que ela cresça – pelo contrário, está fazendo com que ela mantenha os mesmos comportamentos de um bebê.

Depois, retire a etiqueta de "chorona". Todas as crianças choram, umas mais do que outras, é certo, mas, ao colocar-lhe esse nome desde o momento em que ela nasceu, vai apenas perpetuar essa característica. É isso que deseja? Não, não é? Então, não use mais esse adjetivo.

Finalmente, a leitora deu a resposta ao seu caso – a atenção não tem sido dada... –, por isso, comece a estar mais presente, brinque mais, faça mais carinhos – ligue-se à sua filha. Muito rapidamente, ela vai passar a cooperar mais vezes e com menos tensão.

Depois, use a técnica do reconhecimento "Uau, você quer sempre ir para casa da titia, não é? Você gosta muito dela, não é? Ela a trata bem, é isso? Pois é, hoje não vai ser possível, mas no domingo vamos estar com ela na casa da vovó e e você vai vê-la. Aposto que você vai fazer uma enorme festa, não vai?". "Você parece estar nervosa, meu amor. Está com aquelas dores de barriga que costuma ter quando se aborrece com as suas amiguinhas da escola?" É legítimo que a sua filha faça birra quando não tem o que quer – sobretudo aos 3 anos. Isso não quer dizer que tenhamos que fazer a vontade dela para acabar a birra, mas também não temos que castigar ou bater ou fazer com que a criança se sinta mal.

"Outra vez? Já disse que a titia ainda está no trabalho e por isso não vale a pena insistir."

Com a continuidade desse tipo de discurso, o seu pequeno ditador deixará de ser – e lembre-se de que eles só se tornam ditadores quando são apoiados pelos pais. Vale a pena pensar nisso.

5.10.1 Ainda a questão das tabelinhas e da autoridade

Já abordamos este tema anteriormente e volto a ele porque é importante rever este assunto.

Nos anos 70, vigorou a moda de que as crianças não deviam conhecer a frustração porque isso provocava uma autoestima baixa. E a baixa autoestima explicava o aumento da delinquência, dos roubos e de outros comportamentos marginais. No entanto, os anos 90 vão acolher as crianças que nasceram nessa década – crianças mimadas e, sim, com uma autoestima baixa também. É nos anos 90 que vemos proliferar as tabelinhas e fica na moda a expressão "atingir objetivos".

Os pais, com vontade que os filhos se comportem bem, levam para dentro de casa (e as escolas também) estas tabelas. Comprometem-se a oferecer um prêmio sempre que o filho tenha uma linha completa de estrelinhas. E caso haja uma nuvem, a situação teria de ser repensada. Se, por um lado, estas tabelas mostram que a criança tem, claramente, a possibilidade de escolher o seu comportamento, ela está a fazê-lo porque quer ter a estrela no final do dia e o prêmio no final da semana. A sua motivação não é, por isso, intrínseca, ou seja, a sua motivação não é genuína, nem tem a ver com a sua vontade de cooperar nas dinâmicas familiares. Ela é motivada por fatores externos.

O que acontece com estas tabelas? Deixam de funcionar a médio e a longo prazo. Na verdade, o interesse destas tabelas reside apenas em comprovar que a criança tem a possibilidade de escolher o seu comportamento, é prová-lhe que "afinal, quando você quer, até consegue", mas para isso não precisamos de tabelas, porque todos sabemos que os comportamentos são escolhas. Ter com frequência uma tabela, como acontece nas escolas durante um ano letivo inteiro, do meu ponto de vista, só tem consequências negativas:

- Provam que o adulto não é autoridade e que precisa recorrer a tabelas para condicionar o comportamento da criança.
- Provam que a criança está longe de ter vontade de cooperar. Aliás, se lhe oferecemos alguma coisa em troca, por que motivo teria ela vontade genuína de fazê-lo?
- Estamos habituando a criança a subornos e a ameaças. Daqui para a frente, passará a haver uma moeda de troca para tudo e a moeda terá de ser cada vez mais forte.

Estamos mostrando que não acreditamos na capacidade da criança de compreender as regras e os limites e que ela responde apenas quando é ameaçada ou quando recebe algo em troca, matando quase no nascimento qualquer vontade genuína em ajudar-nos.

5.11 A importância da reparação, da fé e do perdoar

> **BERRAMOS PORQUE FICAMOS SURDOS**
>
> Há uma história que diz que, quando temos opiniões diferentes ou entramos em desacordo, os nossos corações se afastam. E porque se afastam, passamos a ouvir pior e por isso gritamos. Só que, quanto mais gritamos, mais em desacordo estamos e mais nos afastamos. E quando um coração está longe do outro, ouve mal, fica surdo. E é por isso que gritamos. Então, da próxima vez que começarmos a gritar, é importante que nos lembremos da história dos corações e que nos aproximemos... para berrarmos mais baixinho.

Errar é normal e humano. E é ainda mais normal nas crianças, porque estão descobrindo o mundo, estão experimentando e aprendendo o que é certo e errado.

Quando usa a verdade, quando fala a sua verdade, quando lhe dá a oportunidade de reparar as situações e o ensina a ser responsável (mais do que dizer "você tem que ser responsável"), está transmitindo a ele o que espera dele. E é extraordinário vê-los respondendo de forma tão positiva a pedidos livres de punição, castigos e ameaças.

Caso: eu não castigo, não bato, mas berro!
Idade da criança: **5 anos**

Eu não bato nem castigo os meus filhos, mas a minha casa tem um pé na Itália, porque eu não consigo deixar de berrar e sinto que isto é péssimo para os meus filhos e nada bom para mim. Como eu faço para parar de gritar?

Gritar ou berrar é visto como sendo a nova palmada ou o novo castigo. Se, antigamente, o que causava medo e fazia com que as crianças obedecessem era o castigo ou a chinelada, hoje em dia parece mesmo ser o berro. Talvez o seu objetivo não seja concretamente deixar de berrar (isso virá por acréscimo) e sim melhorar o relacionamento com o seu filho.

Na verdade, procuramos impor-nos vezes demais com berros. E se é verdade que "dois gritos bem dados" poderão não causar grande dano, também é frequente concluirmos que não tínhamos desejado sermos esta mãe ou aquele pai que está sempre gritando. Haverá mesmo momentos em que, se pudéssemos, apagaríamos parte do dia, porque sabemos que poderíamos ser diferentes. E esta conscientização prova que não são as crianças que nos "põem" num determinado estado. Somos antes nós que temos dificuldade de fazemos a nossa gestão emocional e explodimos, frequentemente, de forma espetacular e dramática.

Esse é um tema recorrente nas sessões de *coaching* e aconselhamento parental, sobretudo no que toca à questão da autoridade e da obediência. Quando tomamos consciência de que estas reações apenas afastam pais e filhos, estaremos, então, a um passo da mudança. Essa mudança passa por uma decisão radical inicial em deixarmos de gritar.

É só isso?, você poderá perguntar. Sim, só isso. Quando decide que "a partir de hoje eu não grito mais" (exceto nos casos de perigo iminente, como é lógico), decide tomar consciência do seu comportamento, da forma como reage e do que sente em relação ao que lhe acontece. É natural que não consiga cumprir sempre, mas não é por isso que vai desistir – muito pelo contrário! Agora que você já sabe como reage quando acontece uma determinada situação, da próxima vez tudo vai ser melhor. Depende de você, apenas.

À medida que os dias vão passando, o retorno do não gritar é tão gratificante, que você passará a sentir o esforço inicial como uma força sua – a mesma força que lhe dá um reforço na autoestima e aquela que o aproxima do seu filho porque, deixando de gritar, o seu vínculo vai aumentar. Porque este é um processo muito íntimo, vai encontrar as suas próprias estratégias (respirar fundo, *timein*, desenvolvimento de uma melhor empatia) e vai concluir, aos poucos, que a questão da Educação e da Parentalidade Positiva só são possíveis quando a transformação e a autoconsciência são nossas. O investimento que fazemos em nós tem um retorno mágico: vemos na forma como os nossos filhos passam a lidar conosco.

Nesse meio-tempo, convido-o a aderir ao "Desafio Berra-me Baixo" que encontrará no blog português *Mum's the Boss* (mumstheboss.blogspot.pt).

5.12 Um último olhar sobre a questão da obediência (que significa cooperar. Ponto final)

No início deste capítulo, eu lhe disse que aqui não iria encontrar formas de driblar seu filho ou formas de o mudar. Como certamente concluiu ao longo destas últimas páginas, "obediência" significa, num relacionamento saudável, "cooperação". A qualidade da relação que tenho com os meus filhos é fundamental e determinante para que eles queiram cooperar e me ajudar. Quando estou "trabalhando" o vínculo, na verdade estou apenas trabalhando o meu lado do relacionamento. O que é maravilhoso nisto é que a resposta que obtenho é no comportamento da pessoa com quem tenho "trabalhado". Então, se "comportamento gera comportamento", podemos dizer que os nossos filhos são o espelho da relação que desenvolvemos com eles.

O TEMPO QUE DAMOS AOS NOSSOS FILHOS

Esta é uma das questões mais difíceis para os pais: ter mais tempo para os filhos. Se é verdade que temos que ter tempo de qualidade com eles, a quantidade também é determinante. Pouco e muitas vezes vale mil vezes mais do que muito bom e poucas.

Empenhe-se nos momentos pequenos, como quando está ajudando a lavar o rosto à noite. Empenhe-se e seja delicado quando lhe veste o pijama ou quando o ajuda a secar-se na saída do banho.

Tempo: qualidade *vs.* quantidade.
Como escrevi mais acima, diz-se que as crianças soletram a palavra amor da seguinte forma. T-E-M-P-O.
Só que isto do *tempo* é vago. Porque este é um tempo que se quer de qualidade e quantidade. Há quem passe muito tempo com as crianças e não faça nada desse tempo. E há pessoas que estão pouco tempo com os filhos e sabem aproveitar o momento da melhor forma. Mas, no que toca à educação, o ideal mesmo é que os pais possam estar tempo de qualidade e quantidade. Não há milagres: se desejo uma boa relação, um vínculo de qualidade, então, tenho que criar mais oportunidades para estar com os meus filhos e aproveitar bem esses momentos. É nesses momentos (em quantidade e em qualidade) que passamos os valores mais importantes da nossa família e em que sentimos que pode ser muito bom viver.
Esse vínculo que criamos e construímos com as crianças traduz-se em sentimentos positivos. Pense comigo: é ou não é verdade que aquilo que aprendemos melhor nas nossas vidas não teve que ver com sermões e broncas, mas antes com aquilo que vimos fazer e fizeram conosco? Por isso, é determinante que os pais das crianças vivam honestamente os seus valores, que sejam fiéis àquilo em que acreditam – não poderíamos ser melhores modelos para os nossos filhos. É em casa que as crianças aprendem a ser, a ajudar e cooperar e também a tratarem delas mesmas. É em casa que eles aprendem a estar em comunidade e é neste espaço que deverão sentir-se seguros e não ameaçados.
Obediência significa, então, cooperar, e cooperar significa trabalhar em conjunto. Não há cooperação possível onde haja resistência e onde haja castigos, ameaças e humilhações diariamente. Não há cooperação possível sempre que se recorre a subornos, a ofertas condicionadas "se você fizer isto". Não há cooperação possível enquanto eu não fizer coisas com os meus filhos. E por quê? Porque eles não terão vontade de fazer coisas comigo e, pior que tudo, não terão vontade de relacionar-se comigo.

O QUE VOCÊ APRENDEU NESTE CAPÍTULO

- Obediência significa, então, cooperar, e cooperar significa trabalhar em conjunto. Ninguém obedece a ninguém, ou seja, ninguém coopera com ninguém a não ser que se sinta ligado de forma positiva a essa pessoa. Lembre-se de trabalhar o vínculo com os seus filhos.
- É um sinal dos tempos – procuramos educar os nossos filhos tendo por base o respeito e apostamos na qualidade da relação que desenvolvemos com eles.
- Não queremos repetir os "porque sim!" e "porque sou seu pai!".
- A missão dos pais é, antes de tudo, educar uma criança para que seja uma pessoa digna, com bom caráter e com valores humanos. Amar vem por acréscimo e junta-se à forma.
- As crianças não desafiam sempre os pais. As crianças têm, sim, interesses diferentes dos nossos (e o inverso também é verdade) e, por isso, não obedecem "naturalmente".
- O sentimento mais comum entre pais e filhos é a frustração.
- Técnicas:
  - Escutar a mensagem que está por trás da mensagem.
  - Olhar com atenção.
  - Reconhecer, reconhecer, reconhecer.
- As recompensas, as tabelinhas, os presentinhos, os castigos e as palmadas não funcionam a médio nem a longo prazo. Aliás, têm o efeito inverso.

CONCLUSÃO

O melhor de se educar uma criança talvez seja a dimensão que as nossas vidas adquirem, porque se enchem de significado.

Eu não acredito que tudo se educa – porque o preço a pagar é alto demais.

Educar uma criança, seja ela qual for, tem que ter na sua base um profundo respeito, porque, se é verdade que ela tem uma natureza única, o meio e as pessoas que lidam com ela têm uma influência ainda maior. É trágico demais quando deixamos nas mãos do acaso esta tarefa tão importante.

Neste livro, você encontra, de forma prática, clara e atual, as melhores dicas e as melhores estratégias para que a sua relação parental com os seus filhos seja a melhor possível. Não há varinhas de condão, não há frases mágicas, e aqui também não encontrará estratégias de manipulação, castigos que fazem obedecer ou ideias de recompensas ou subornos para eles fazerem o que desejamos. Mas encontra uma filosofia muito prática e muito mais interessante.

Desejo mesmo que possa ter a experiência de, a cada dia que passa, sentir uma enorme gratidão pela vida familiar que tem, pelos filhos extraordinários que ajuda a construir, um dia de cada vez, porque eu sei que isso é possível.

Lembre-se de que na educação não há uma meta – é uma jornada, uma caminhada, e, por isso, todos os dias são novos dias e bons dias para nos transformarmos em pessoas melhores. É com esta transformação que inspiramos os nossos filhos a serem melhores. Esta é a grande conclusão (um pouco romântica, é certo) que lhe deixo. Ou você achava que ia mudar o seu filho com este livro? A mudança é sua.

Dê notícias! Gostaria de saber como estão indo as coisas!

Magda Gomes Dias
parentalidadepositiva.com